本书为国家重点研发计划"天地联合田野考古调查关键技术"（项目编号：2020YFC1521900）、国家文物局重大项目"考古中国"、中国社会科学院创新工程项目的研究成果。

本书出版经费由国家重点研发计划"天地联合田野考古调查关键技术"（项目编号：2020YFC1521900）承担。

刘建国

彭小军

陶　洋

向其芳

著

江汉平原
史前治水文明

中国社会科学出版社

图书在版编目（CIP）数据

江汉平原史前治水文明／刘建国等著．—北京：中国社会科学出版社，2023.8
ISBN 978 – 7 – 5227 – 2552 – 9

Ⅰ．①江…　Ⅱ．①刘…　Ⅲ．①江汉平原—文物—考古—研究—石器时代
Ⅳ．①K872.63

中国国家版本馆 CIP 数据核字（2023）第 163338 号

出 版 人	赵剑英
责任编辑	郭　鹏
责任校对	刘　俊
责任印制	李寡寡

出　　　版	中国社会科学出版社
社　　　址	北京鼓楼西大街甲 158 号
邮　　　编	100720
网　　　址	http://www.csspw.cn
发 行 部	010 – 84083685
门 市 部	010 – 84029450
经　　　销	新华书店及其他书店

印　　　刷	北京君升印刷有限公司
装　　　订	廊坊市广阳区广增装订厂
版　　　次	2023 年 8 月第 1 版
印　　　次	2023 年 8 月第 1 次印刷

开　　　本	710×1000　1/16
印　　　张	9.25
字　　　数	118 千字
定　　　价	98.00 元

序

赵　辉

有一段时间，北大考古文博学院因为老教员退休，没有人讲授田野考古测量方面的课，请建国来兼课、帮忙。那时正值传统的罗盘、皮尺、平板仪等测绘工具被电子全站仪迅速取代的档口，航片、卫片、GPS、地理信息系统、数字化图形处理等一大堆新知识新技术一下子涌进了这门课程。测绘专业出身的建国，正好是担纲这门课程的不二人选。建国是个责任心极强的人，不但课讲得好，又年轻英俊，和蔼可亲，深得学生爱戴。这一干，就是十来年。当年经他言传身教的学生，好多已经成为现在的学术主力中坚，活跃在一线上了。建国兼课期间，我曾经在学院管过事儿，比其他人更知道建国的作用不仅仅是无私无偿地帮助学院渡过了这段青黄不接的时间，更要紧的是他把这门课程的内容更新升级为现代版。这件事，出了北大的圈儿，知道的人不多，但不该埋没、忘记。所以我先把它写出来。

由于考古这个行业的特点，建国经常出差，我也经常出差，偶然会撞到一起，算起来我们在外地相遇的次数比在北京多。去年的 11 月底，在安徽含山参加凌家滩遗址考古发掘的现场研讨会的会上，又遇到了建国。他是从湖北辗转而来的。当时正值疫情期间，防控形势严峻，措施严格，也导致旅途多生不便，所以迟到了，会议开始了好一会儿，他才赶到。寒暄后，说有事找我。会后第二天，我在离会之前正好有一上午的空闲。建国来到我的房间，没有多余的话，打开笔记本电脑，就着 PPT 就讲起这五年来，他通过无人机拍摄、遗址三维重建和空间地理信息分析所得到的有关史前江汉平原里的人们与水环境的互动关系方面的研究心得。建国讲得投入，眉飞色舞。我也是这时才知道他这五年来干成了一件大事。

江汉平原是由鄂西山地、北面的大洪山、大别山、东南江南丘陵和南面的华容隆起围绕起来总面积约 4.6 万平方千米的一块盆地，自然环境和风土物产有其特点，养育出当地文化独有的特征和传统，成为史前中国"多元一体"文化格局中的"一元"，准确地说是长江中游两湖地区文化的核心部分。这里从大溪文化晚期开始，文化和社会进入了发展的快车道。屈家岭文化以来，当地的人们陆续建造了一批城址，现在知道的，大大小小二十来座。天门县境内的石家河古城，是其中的翘楚，规模甚至可以和长江下游的良渚古城比肩。所以，在讨论史前中国文明化进程这个大课题时，这批城址当然是令人关注的对象。又，从文化的多元格局这一人类社会的物质文化浅层表达上我们受到启发，即在这个格局之下的各史前地方社会的文明化动因、道路、方式可能也有不同，各有特色。但是，实话实说，我们在这个方面的进展不大。譬如在江汉平原这个特定环境中，人们的社会是怎样运作的？我们所知并不是很多、很透彻。这其中就包括了人地关系这个构成人类社会的重要方面。有不少学者推测，可以看作是江汉地区社会文明发展程度标志的这批城址之出现的原因是出于防洪目的。倘若真的如此，这就成了深度理解江汉平原上人地关系的一个重要切入角度。

为此，建国在江汉平原的史前遗址中挑选了包括已知各城址在内的25座新石器遗址，进行了深入研究。建国是搞测绘、遥感出身，专业给了他有效的技术工具。他亲历每个遗址，使用无人机拍摄，给各遗址三维建模，再结合遗址上相关的考古资料信息，最大可能地恢复出遗址当时的微地貌。如此，一些重要的地貌特征如古河道等，以及当时人们修建的大工程如城墙、壕沟等就被识别出来了。进行了这第一步之后，再考察遗址所在地区的地貌水文状况，譬如是高台地还是河流谷地，附近流域面积、可耕作土地范围，以及洪水来袭的最高水位等等，综合这些因素，用来理解遗址选址理由和人们修建城墙、开挖壕沟的原因。

建国的分析抽丝剥茧，具体而微，又层层综合，逻辑分明。但限于小小一个书序，不容得详细介绍这些分析过程了，请读者自行阅读。

作为结论，建国认为，这些城址的建造肯定和江汉平原的水文环境脱不了干系。江汉平原古为云梦，平均海拔仅27米，是中国海拔最低的平原之一。从最东端的武汉计，东距长江入海口直线距离约有730千米之遥。位于腹地，又如此低洼，且有汉江、长江等大河贯穿，洪水漫漶和内渍久驻为江汉平原最常见的灾害，是居住在这里的人们不得不面对的问题。目前已知的新石器时代遗址绝大部分分布在平原边缘30米等高线以上地段，而在平原内部，除非高阜突出的地点，是没有人立足的，这足以说明当时人们生存和当地水文环境条件之间的大关系。

30米等高线，可以看作是在风调雨顺的年景里，盆地内积水的最高水位线，却未必是大灾之年的最高洪水面，也就是说，即便居住在这以上地段，也不能完全避害。但是，以稻作为主要经济手段的江汉地区史前居民又不能远离水域，何况水生动植物也是人们眼中重要的食物资源，就像现在的老武汉人，若没有炖汤的藕吃，生活就大不如意了。似乎有太多的理由说明人们近水而居的必要，同时也就不得不冒水患的风险。如此，江汉地区的史前居民对他们所处的环境一定是爱恨交加。也因此，我们就可以把每处遗址的选址和在聚落上高筑城、深挖壕，看作是当时人们处心积虑地平衡这个复杂的辩证关系的具体措施。

建国和他的团队还发现，江汉平原的史前居民并非只关心防御水患。从小生活在江南的夏正楷先生曾经对我说过，南方人更怕旱灾，水灾来了人能跑，遇到旱灾颗粒无收，无处可逃。在应城陶家湖、沙洋城河、京山屈家岭等遗址上，建国团队发现除了环壕城墙等防洪设施外，还有拦截河流蓄水、开沟引水灌溉的水资源管理使用的工程。不出意外，在规模最大的石家河遗址上也发现了这类人工设施。由于这类设施往往修建在离开了遗址的外围，也不是圆环或方框之类的几何形状，能发现辨认出来，需要有丰富的地貌知识和亲历现场考古的投入，很不容易。考虑到这些，就可以估计有这类工程的遗址恐怕不止目前已知的这么几座，极大的可能是还有很多尚待发现——这很令人期待。

建国的研究，大致上可以划分在环境考古的领域。在众多有关环境考古的定义中，总有两层意思或两个任务：复原古代人类生存环境；探讨人类社会及其演化同自然环境之间相互关系。不过我觉得，复原古代环境是环境科学的本分，后者才是环境考古学特有的任务。但是据我观察，当下的环境考古研究通常要花很大力气复原古代环境，这当然是不得已而为之，因为鲜有环境科学家做这样的事情。但在探讨人类社会和环境的相互关系方面，就往往失之简单粗暴。例如一个很常见的研究范式就是在复原建立起一条环境变化曲线之后，根据其与文化波动之间的耦合关系，给文化的消长变化以环境原因的说明，从而使结论停留在简单机械的环境决定论上了，不能深入触及人地关系的"灵魂"。建国不同，他的研究具体到了一个城镇这样的社会组织是如何与所在水环境之互动的，进而总结出整个江汉平原上人们面对环境的行为方式。建国指出，这里的人们既有挖壕筑墙，以趋利避害的较为"消极"的防御策略，也有拦河蓄水、引水灌溉这种管理和使用水资源的"主动"措施。这一套高超的防水驭水能力及其在背后作为支撑的高度发达的科学知识，是自彭头山－城背溪文化开始，经数千年积累才习得的。建国把人地关系揭露到如此的具体、丰富，我以为，这正是本项研究超越大多数的精彩之处。

建国的研究之意义还不惟如此。既然处理如此复杂的人地关系，是通过整个社会的行动来实现的，那么，它就是全部社会活动的一个特定部分，并与其他方面的活动相关联。这样一来，我们就找到了窥探当时人们的全部活动的一个角度，往大里说，是探索社会文明进程的一个重要角度。而且建国已经给我们初步展示了在这个方向上的大有可为的潜力。这是我阅读这本书得到的一个重要启发。

建国曾经和我说过，他在武汉测绘科技大学毕业时，曾立下志愿，要到一个非测绘专业却和专业相关的机构闯荡一片天地，做一番未曾有人做过的事情。于是，他进入了中国社会科学院考古研究所。最初是用自己的专业知识为考古研究服务，例如他曾经跑遍了东南西北的考古工地，推广普及无人机测绘技术、数字三维技术等，干得很出色。但他始终未忘初衷，终于有了今天的成绩。可喜可贺！

目　　录

第 一 章

江汉平原的地理环境

第一节 地理位置

江汉平原主要区域是由长江与汉江冲积而成的平原，位于长江中游湖北省的中南部，西起枝江，东迄武汉，北至钟祥，南与洞庭湖平原相连，东西跨度近 300 千米，北纬 29°26′—31°37′，东经 111°14′—114°36′，面积约 4.6 万平方千米。主要包括荆州市的荆州区、沙市区、江陵县、公安县、监利市、石首市、洪湖市，松滋市的仙桃市、潜江市、天门市，并辐射周边武汉、孝感、荆门、宜昌和襄阳 5 个地级市的蔡甸区、汉川市、应城市、沙洋县、京山市、钟祥市、枝江市、宜城市等部分地区（图 1.1）。

江汉平原腹地地势低平，大体由西北向东南微倾，西北部海拔 35 米左右，东南降至 25 米以下，汉口仅 23 米。平原内湖泊棋布，水网交织，垸堤纵横。长江北部自西向东有沮漳河、拾回桥河、汉水、东荆河、富水河、漳水、涢水、澴水、溾水等支流，以及汉北河、府河等人工水系。现存大小湖泊约 300 多个，重要的有洪湖、汈汊湖、长湖、排湖、大同湖、大沙湖等。湖泊一般底平水浅，是淡水养殖业的基地；又能调蓄江河水量，减轻平原

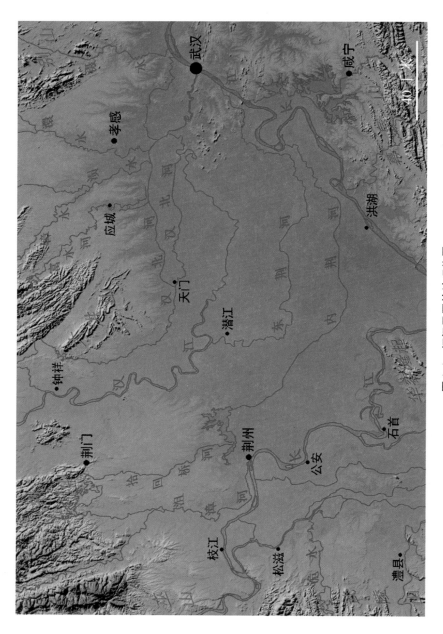

图 1.1 江汉平原的地理位置

中的旱涝灾害。

江汉平原自古以来交通非常发达，东西有长江黄金水道，往南是洞庭湖平原及潇水、湘水等河谷往南延伸，北部大洪山东、西两侧分别有涢水河谷与汉水河谷联通南阳盆地，直达中原核心地带，历来与周边地带的文化交流频繁活跃，共生共存，协同发展。

第二节　地质地貌

江汉平原因其地跨长江和汉江而得名，在地质构造上属中国第二沉降带的南部沉降区北侧的江汉拗陷，往南为洞庭断陷，中部有华容隆起相隔，新构造运动以外围抬升、中部下降为特点。在地形上，西有武陵山、巫山、荆山等鄂西山地，北有大洪山，东北有桐柏山—大别山丘陵，东南有幕阜山等江南丘陵（图1.1）[①]。

由于江汉平原周缘第四纪以来新构造运动的间歇性上升和平原内部的大幅度沉降，产生了缓慢的升降差异运动，造成平原地势从西北向东南方向倾斜，平原中部为巨厚的河湖相松散沉积物组成的坦荡而稍有起伏的平原，海拔均在40米以下。外围依次为40米—80米及80米—120米的两级阶地或50米左右的平缓岗地，阶地外围则为120米以上的丘陵或低山。现代平原内部受网状水系的泥砂沉积和人工筑堤影响，形成了相对高差数米至十余米的沿江高地和河湖间洼地相分布的地貌特点，洼地的地面高程多在

---

① 湖北省地方志编纂委员会编：《湖北省志·地理（上，下）》，湖北人民出版社1997年版。

25 米—28 米，地表组成物质主要为粘土，地下水位一般离地表0.5 米—1.0 米，甚至有很多地方不及 0.5 米。处于河床与人工提防之间的堤外滩地，现代冲积作用旺盛，地势较高，大部分在30 米以上[①]。

桐柏—大别山自早更新世晚期以来，不断发生着自北向南的掀斜隆升，对江汉平原周边地形、水系的演化产生了显著影响。鄂西各东西向河流阶地的高差自北向南逐渐降低，江汉平原水系同步向南发生异常弯曲，长江主河道不断南移，紧逼南岸丘陵地区，长江两岸水系与河谷地貌发育不对称[②]。桐柏—大别山的掀斜隆升，造就了江汉平原北部地势较为平缓，河流自北向南流入平原内部后再折向东流。平原与山麓的交会地带形成自北向南的垄岗地貌。

第三节　气候与农业

江汉平原属北亚热带季风气候，常年温暖湿润，年平均温度在 16℃以上，最冷月均气温在 3.5℃以上，无霜期约 240—260 天，平原各地利于棉花、水稻等喜温作物栽种。年均降水量 1100 毫米—1300 毫米，气温较高的 4—7 月降水量约占年降水总量的 70%，5—7 月大部分地面径流不能自排入长江，加之长江对汉江的顶托，使得平原内部洪水更加难以渲泄，决定了江汉平原湖区湿润易涝的特点。汉江平原为冷空气南下的重要通道，春、秋季节常

---

① 湖北省地方志编纂委员会编：《湖北省志·地理（上，下）》，湖北人民出版社 1997年版。

② 李长安：《桐柏—大别山掀斜隆升对长江中游环境的影响》，《地球科学》1998 年第6 期。

出现低温阴雨天气，使早稻烂秧机率较高；若遇梅雨期过长、暴雨多的年份，初夏易遭洪涝；盛夏常受副热带高压脊控制，盛行下沉气流，高温高湿，但少雨；秋季多晴朗天气，伏、秋干旱频次较多，导致二季晚稻空壳率较高[①]。

江汉平原由冲积、洪积或湖积而成，故地表组成物质主要是近代河流冲积物和湖泊淤积物，沉积物属细砂、粉砂及粘土，古近纪红土只在平原边缘地区有所出露。在江河之间由于淤高形成的相对低下的长条形洼地区，其地表组成物质是在流水速度很慢乃至静水环境下沉积形成的，主要为粘土，此土泥多沙少，有机质含量高，适合水田稻作，是江汉平原的水稻产区。在江汉平原的边缘地区，断续分布有垄岗地貌，地表覆盖有第四纪早期的、厚约数米至 10 米的红色或黄棕色亚粘土，适合各种水旱作物生长，大多种植水稻[②]。

长江中下游地区，早稻一般在 4 月中旬播种，5 月初插秧，7 月下旬收割。期间如果梅雨季节比较正常，基本上不需要进行灌溉。早稻收割后晚稻插秧，一般在立秋前结束，10 月下旬至 11 月晚稻收割，中稻生长期处于二者之间。中稻和晚稻生长期间往往会出现伏旱、秋旱天气，灌溉成为必须完成的田间管理工作。

水稻生育期需水量包括自育秧、移栽到成熟全过程腾发量（叶面蒸腾和各棵间蒸发）与土壤渗漏两个部分[③]。结合当地水稻生育期的有效降水量，可以计算水稻生育期需要补充的灌溉量。

---

① 王学雷、吕宪国、任宪友：《江汉平原湿地水系统综合评价与水资源管理探讨》，《地理科学》2006 年第 3 期。

② 湖北省地方志编纂委员会编：《湖北省志·地理（上，下）》，湖北人民出版社 1997 年版。

③ 孙红舒、孙语飔：《皖西史河灌区水稻的需水量分析》，《农技服务》2020 年第 1 期。

研究发现长江中下游地区各省 1961—2007 年间，双季水稻生育期需要补充的平均灌溉量为 461 毫米（早稻为 206 毫米，晚稻为 255 毫米），单季水稻生育期需要补充的平均灌溉量为 336 毫米[1]。

---

[1]　李勇等：《1961—2007 年长江中下游地区水稻需水量的变化特征》，《农业工程学报》2011 年第 9 期。

第 二 章

研究资料收集与处理

第一节 数字高程模型

为了探讨聚落遗址内部及其与周边环境之间的相互关系，往往需要研究地形的高低起伏状况，揭示重要遗迹和现象的发展、演变等形成过程。

数字高程模型（DEM-Digital Elevation Model）是通过有限的地形高程数据实现对地面地形的数字化模拟（即地形表面形态的数字化表达），它是用一组有序数值阵列形式表示地面高程的一种实体地面模型。有规则格网、不规则三角网和等高线三种表现形式。

数字表面模型（DSM-Digital Surface Model）是指包含了地表建筑物、桥梁和树木等高度的地面高程模型。与 DEM 相比，DSM 不仅包含了地形的高程信息，还包括其它地物的高程信息。有规则格网、不规则三角网两种表现形式。

目前从网络上可以获取的免费全球数字高程模型数据有 SRTM、Aster GDEM 和 Alos DEM 三种数据。

1. SRTM DEM 数据

2000 年 2 月 11 日至 22 日，美国发射的"奋进"号航天飞机上搭载航天飞机雷达地形测绘使命（SRTM-Shuttle Radar Topography Mission）系统，获取北纬 60 度至南纬 60 度之间总面积超过 1.19 亿平方千米的雷达影像数据，覆盖地球 80% 以上的陆地表面。SRTM 系统获取的雷达影像数据量约 9.8 万亿字节，经过两年多的数据处理，制成了数字高程模型。SRTM 地形数据按空间分辨率可以分为 1 弧秒的 SRTM GL1 和 3 弧秒的 SRTM GL3，分别对应的地面分辨率大约为 30 米和 90 米数据，每景数据覆盖范围分别为经纬度 1°×1° 和 5°×5°。2003 年美国国家地理空间情报局开始公开发布全球 SRTM GL3 产品，经历多次修订，目前最新的版本为 V4.1 版本。2014 年 9 月，美国国家地理空间情报局宣布 1 弧秒分辨率的 SRTM GL1 数据逐步向全球用户免费开放。SRTM 高程数据的平面坐标系为 WGS 84 坐标系（1984 年世界大地坐标系统），高程系统采用美国推出的适用于全球范围的 EGM96 高程基准①。

2. ASTER GDEM 数据

NASA（美国国家航空航天局）与 METI（日本经济产业省）合作，利用同轨立体摄影测量原理，处理了 2000—2010 年 TERRA 卫星 ASTER（先进星载热发射和反辐射计，Advaced Spaceborne Thermal Emmision and Reflection Radiometer）传感器接收的约 150 万景近红外影像，生成 1 弧秒（约 30 米）分辨率的 GDEM（Global Digital Elevation Model），数据范围为北纬 83° 至南纬 83°，覆盖全球 99% 的陆地表面，并于 2009 年 6 月 29 日向全球免费发

① 冯林刚：《基于 EGM96 的 GPS 高程转换方法》，《测绘通报》2006 年第 3 期。

布。2019 年 8 月 5 日，NASA 和 METI 共同发布了 ASTER GDEM V3 版本，减少高程值空白区域、水域数值异常等。

由于没有剔除地球表面覆盖的植被高度和建筑物高度，所以其并不是严格意义上数字高程模型，受持续云层覆盖的区域需要采用其他 DEM（如 SRTM DEM）替代缺失数据。

3. ALOS DEM 数据

ALOS 是日本宇宙航空研究所（JAXA）的高级陆地观测卫星（Advanced Land Observing Satellite），2006 年发射。ALOS 携带的相控阵型 L 波段合成孔径雷达（PALSAR）采集数据生成的 12.5 米数字高程模型，可从美国 NASA ASF 网站下载。通过比较发现，一些地域的 ALOS DEM 数据与 SRTM GL1 数据具有很大的同源性，有网站介绍是根据 SRTM GL1 重采样后得到，不过 ALOS DEM 数据的地形表现效果明显优于 SRTM GL1[1]。

第二节　早期卫星影像

1958 年 2 月，美国艾森豪威尔总统签署"科罗娜"（Conora）计划，运用空间摄影侦察的锁眼（Key Hole）系列卫星拍摄苏联等社会主义国家的秘密设施和军事基地。锁眼卫星早期使用 3000 英尺（915 米）长、70 毫米宽的胶卷，拍摄完成后将胶卷转入返回舱进行回收，在 1960—1972 年间执行的全球拍摄任务中，曾经使用很多种不同的摄影系统，KH-7 和 KH-9 甚至装载了 18 英寸宽的胶片，拍摄了大量的高分辨率影像。在锁眼卫星运作后期，更突破传统单一拍摄角度的摄影系统，发展了可以两种角度倾斜

---

[1]　https://blog.csdn.net/Crace1992/article/details/114953025.

拍摄的摄影系统，即利用两组镜头同时进行往前（Forward）与往后（Afterward）的倾斜影像拍摄，由此产生地表的立体像对，进而用来生成数字地面高程信息。美国政府考虑到该系列卫星影像数据对国家安全不再重要，分别于 1995 年 2 月和 2002 年 9 月对外公开 KH - 1/2/3/4/4A/4B/5/6、KH - 7/9 的卫星影像数据（表 2.1）。

表2.1　　　　　　　　美国锁眼系列卫星影像参数

卫星系统	KH - 1—4	KH - 4A	KH - 4B	KH - 5	KH - 6	KH - 7	KH - 9
存档时间	1959—1963	1963—1969	1967—1972	1961—1964	1963	1963—1967	1971—1984
影像类型	全色	全色	全色	全色	全色	全色	全色
卫星高度（千米）	166—463	185	150	322	172	变轨	变轨
地面分辨率（米）	3—6	2.7	1.8	3.6	1.8	0.6	0.6
胶片宽度	70 毫米	70 毫米	70 毫米	5 英寸	5 英寸	18 英寸	18 英寸

在对外公开的锁眼卫星影像数据中，KH - 4A/4B 的数据接收时间更早，分辨率较高。KH - 7/9 的数据分辨率很高，只是 KH - 7 的数据很少，呈零星分布。KH - 9 的影像成像时间是 1970 年代，效果很好，分辨率很高，非常适合考古研究中分析聚落及其周边环境中的早期地面特征。

第三节　基础地理信息与聚落分布数据

2016 年 10 月，中国自然资源部国家基础地理信息中心的新版"全国地理信息资源目录服务系统"正式上线，非涉密测绘地理信息成果中，注册用户可以免费下载全国范围内 1∶25 万和 1∶100 万矢量地形图，标准分幅，2000 国家大地坐标系，1985 国家高程基准。

国家基础地理信息中心之前推出 1 : 400 万基础地理数据集，包括国界线、省会城市、地级城市、县城、省界、地州界、县界、湖泊、公路、河流、铁路等数据要素，平面坐标系为 WGS84 坐标系。

江汉平原的史前聚落分布数据主要使用《中国文物地图集·湖北分册》中大溪、屈家岭、石家河等时期遗址分布图的扫描材料，经过影像纠正、配准后与其他基础地理信息一起使用。这些资料为制作大范围的遗址分布图等提供了最佳的基础素材。

第四节　数据处理与分析

在本书研究中，将江汉平原 SRTM GL1 数据的平面坐标系转换为 1954 年北京坐标系，3°投影带的中央子午线为 114°，分辨率为 30 米。最后制作全区域和局部区域的高程数据底图，并提取河网、流域等数据用于分析聚落与自然环境之间的相互关系。并对《中国文物地图集·湖北分册》中大溪、屈家岭、石家河等时期遗址分布图进行扫描、纠正和配准，最后标注成图。

研究区域总图选取国家基础地理信息中心提供的城市、县城、水系等要素与美国的 SRTM GL1 高程数据进行精确叠加，制作江汉平原的范围图、遗址分布图等图形。同时运用地理信息系统软件的水文分析功能，提取单个小区域的河网和流域，再对流域进行编辑合并，提取并统计重要聚落遗址的流域面积（图 2.1）。

遗址早期影像主要选用 KH－9 的影像，拍摄时间为 1974 年 11 月 24 日。以各遗址无人机拍摄的正射影像图作为参照，进行纠正和配准后分析遗址的早期情况。

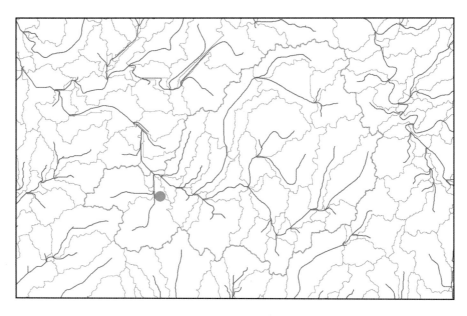

图 2.1 寨子山遗址流域与河网的提取与编辑

将每个遗址的正射影像图调整为 1 米分辨率，裁切相应区域的 KH－9 影像，使 KH－9 影像的范围比正射影像图的范围稍大一些。运行 ENVI 软件中"配准与镶嵌"—"几何校正"—"控制点选取：图像—图像"菜单，选择正射影像图为参考影像，KH－9 影像为待纠正影像，精确选取两幅影像中清晰的地块边角、小路交叉点等作为控制点，每平方千米不少于 20 个控制点（图 2.2）。

无人机拍摄影像与早期影像的时间跨度有 40 多年，但很多遗址的地貌变化都不大，影像纠正时选择地面控制点的难度较小。少数有变化区域无法选择控制点，只能从无变化的地域选取小路交叉点等明显地物作为控制点。影像纠正后需要将两幅影像叠加在一起进行反复比较，确保影像纠正的精度。

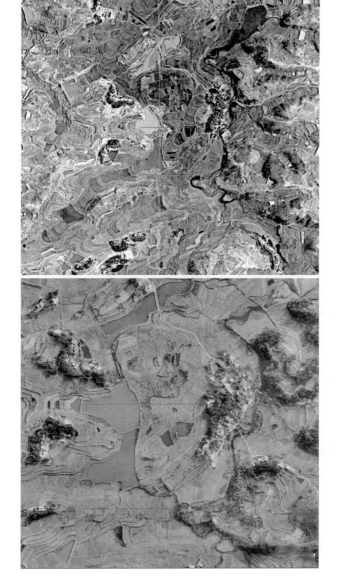

图 2.2　王古溜遗址影像纠正的控制点分布

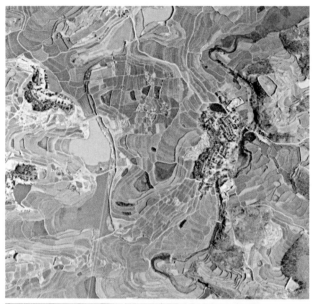

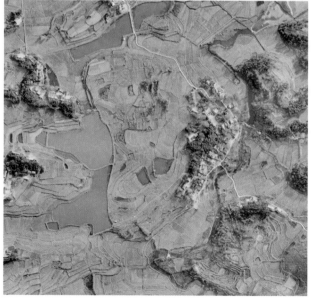

图 2.3 王古溜遗址的正射影像与纠正后早期影像

　　控制点分布应该大致均匀，正射影像图的四角、四边也需要有控制点，最后可以通过软件自动"预测"的方式确定控制点。再运用三次曲线校正、双线性重采样的方法完成影像纠正，得到与遗址正射影像图的分辨率和方向完全一致的早期卫星影像图，最后对影像范围、色调、反差等进行调整（图2.3）。

第 三 章

研究区域内史前聚落考古研究

第一节 研究区域内的史前聚落分布

20 世纪 50 年代，在配合湖北省京山县石龙过江水库工程时发现了屈家岭、石家河等史前聚落遗址，随后的考古调查与发掘确认了屈家岭文化，并认为石家河遗址群也是十分重要的考古发现。20 世纪 70 年代和 20 世纪 80 年代的田野考古与文物普查工作，在江汉平原及其周边地区发现了大量的史前聚落遗址。经过数十年的研究、探讨，目前确定的长江中游地区史前文化序列大框架为：彭头山文化—城背溪文化（皂市下层文化）—大溪文化（汤家岗文化）—屈家岭文化—石家河文化，是中华文明形成和发展早期阶段的重要组成部分。

江汉平原内部，特别是汉江东部基本上没有彭头山、城背溪等文化的遗址，汉东地区发现有边畈文化和油子岭文化遗存，有学者提出应该以汉江为界，汉东地区文化序列应该是：边畈文化—油子岭文化—屈家岭文化—石家河文化①。

---

① 孟华平：《长江中游史前文化结构》，长江文艺出版社 1997 年版。

本书根据《中国文物地图集·湖北省分册》中的相关材料，来标注史前聚落分布情况，虽然近年来江汉平原又有很多新的史前聚落被发现，但其整体分布趋势变化不大。

1. 彭头山文化

长江流域最早的新石器时代文化，距今约9000年—距今8300年，根据湖南澧县彭头山遗址命名，分布於长江中游地区的澧阳平原。陶器制造古朴简单，全部为原始的贴塑法制成，胎厚而不匀，大部分陶器的胎泥中夹有炭屑，一般呈红褐色或灰褐色。发现了世界上最早的稻作农业痕迹——稻壳与谷粒，为确立长江中游地区在中国乃至世界稻作农业起源与发展中的历史地位奠定了基础。

2. 城背溪文化

城背溪文化是长江中游已发现的新石器时代文化，包括湖北境内的城背溪类型和湖南境内的皂市类型，年代距今8000年—距今7000年。

城背溪文化是通过对湖北省枝城市（原宜都县）城背溪遗址的考古调查和发掘后逐步确认的。分布范围主要在枝城市等峡江地带和湖南澧县、石门县等地，江汉平原内几乎没有城背溪文化的遗址。

城背溪文化遗址出土了人工栽培水稻遗存，对于研究水稻栽培起源具有极为重要的意义。动物遗存以牛骨、鹿骨、鹿角和鱼骨为主，同时还有贝壳、鳖甲、蚌壳等。器物遗存有纺轮和石质网坠等，说明当时的手工业、禽畜养殖业和渔猎经济都已经达到一定的水平。

3. 大溪文化

大溪文化是分布于中国长江中游地区的新石器时代文化。以首先发现的重庆市巫山县大溪遗址命名，年代距今 6500 年—距今 5300 年。可以分为关庙山类型、汤家岗类型和油子岭类型。文化特征以红陶和彩陶为主，稻作农业发达。

江汉平原自边畈文化时期开始有聚落出现，大溪文化时期聚落数目较多，但基本上都集中在鄂西山地、荆山、大洪山前缘的山麓地带，以及华容隆起的较高地段。沿沮漳河、拾回桥河河谷分布的聚落数目较多，大洪山南麓出现有谭家岭、龙嘴等重要的有城垣聚落（图 3.1）。

4. 屈家岭文化

屈家岭文化是长江中游地区新石器时代文化，以湖北省京山县屈家岭遗址命名，年代距今 5300 年—距今 4600 年。分为湖北省境内的屈家岭类型、青龙泉类型和湖南省境内的划城岗类型。陶器以黑陶和灰陶为主，出现朱绘黑陶和蛋壳彩陶，稻作农业和纺织业非常发达。

屈家岭文化时期鄂西山地、荆山、大洪山、大别山等前缘的山麓地带都有大量的聚落遗址，松滋洈水流域也出现多处聚落。江汉平原西部洈水、沮漳河流域中聚落分布位置相对较高，大洪山西南的屈家岭周边聚落数目大幅增加，出现很多有城垣聚落、环壕聚落（图 3.2）。

5. 石家河文化

石家河文化是长江中游地区新石器时代晚期考古学文化，以湖北省天门市石家河遗址命名，年代距今 4600 年—距今 4000 年。经济上以稻作农业为主，陶器以灰陶为主，玉器制作工艺发达，出现冶铜遗迹。分为湖北省境内的石家河类型、青龙泉类型、季家湖—石板巷子类型、西花园类型、尧家林类型和湖南省境内的划城岗类型。

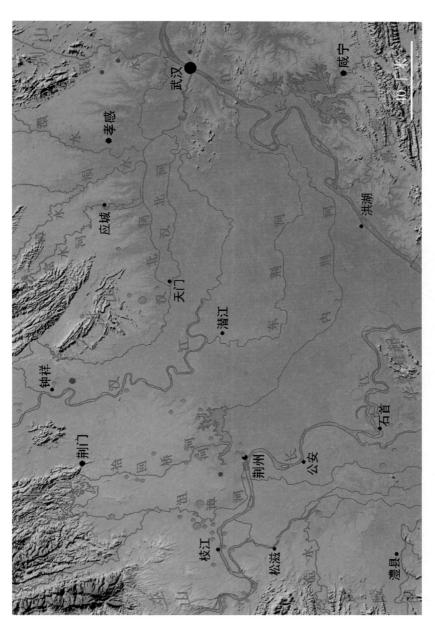

图 3.1　大溪文化聚落分布图

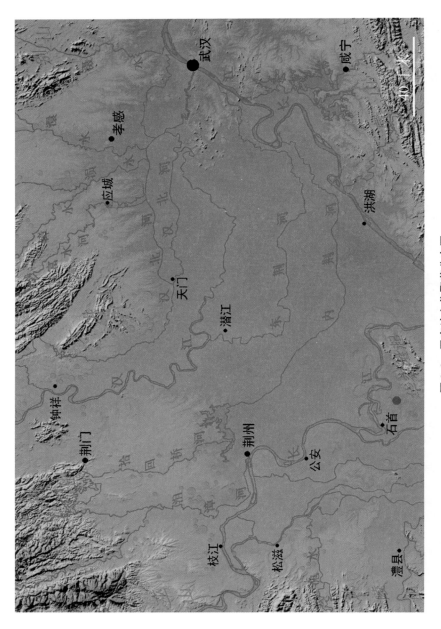

图 3.2 屈家岭文化聚落分布图

石家河文化时期长江以南的涝水、华容隆起周边等聚落数目明显减少，荆山、大洪山、大别山南部、东部聚落数目增加，石家河聚落集群进一步发展，一些聚落的分布向海拔30米以下的低海拔区域推进（图3.3）。

第二节　研究区域内的史前聚落考古研究进展

长江中游的史前聚落肇始于彭头山文化，已有的考古调查和发掘显示，彭头山文化的聚落绝大多数位于岗地之上，而八十垱遗址是其中唯一一处平原型遗址。长江中游是多雨的，岗地可以防洪，平原则常常面临水患。在长期的摸索中，彭头山文化八十垱的先民修建了东亚大陆最早的土围和环壕。最初较矮的土围仅是在环壕一侧堆积挖壕所出的泥土，后来在对壕沟的疏浚清淤过程中，有意识地把开挖新沟的泥土集中堆放于原土围之上，但最终高度也不超过1米，应该不具备防御敌人的功能①。有学者指出，环壕聚落的优势十分明显，一是靠近河岸有利于就近取水，二是能够利用壕沟向聚落外排水，三是开挖深沟降低附近居住面的地下水位以改善居住环境②。无疑，八十垱环壕和土围是彭头山文化先民的勇敢尝试，迈出了从岗地到平原的坚实一步，从而增加了聚落选择的形式，为后来更大范围地改造自然环境积累了宝贵的经验。

在彭头山文化挖沟围土、尝试改造自然的时候，峡江地区的城背溪文化则采用多种策略适应自然。考古发现的城背溪文化聚

---

① 许宏：《先秦城邑考古》，金城出版社、西苑出版社2017年版。

② 裴安平：《澧阳平原史前聚落形态的特点与演变》，《考古》2004年第11期。

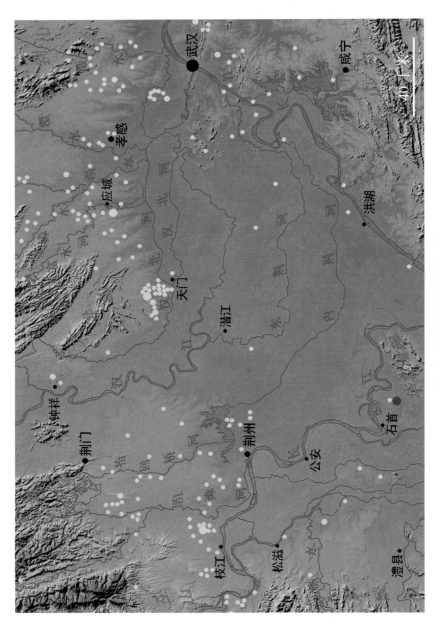

图 3.3 石家河文化聚落分布图

落一般较小，而且位于不同的地理构造单元上。有的坐落在山上，可能是洪水季节的聚落；有的在海拔较低的长江边，可能就是季节性营地，雨季被淹没，长江水位下降时捕捞水生动物和其他资源①。

彭头山文化、城背溪文化两类不同的聚落形式，其实反映了先民们两种不同的生存策略：改造与适应。二者并无优劣之分，但是在人口增长、自然资源供给不足、活动范围扩大的情况下，彭头山文化式的"改造"无疑是人类能够做出的有效选择。之后的皂市下层文化、汤家岗文化时期，彭头山文化发明的壕沟加土围的传统继续沿用，胡家屋场、汤家岗、城头山等遗址莫不是如此。随着壕沟取土、土围加高的多次建造实践后，终于在大溪文化早期，城头山遗址率先在汤家岗文化环壕的基础上修建城垣和外壕②，形成很多学者所说的"城"。这也是东亚大陆最早的城址。

当洞庭湖西岸的城头山人堆筑高耸挺拔的城垣之时，汉东地区的边畈遗址营建起第一座环壕聚落。不久，油子岭文化在距离汉江更远的天门龙嘴修建了汉东地区的第一座城址。该城址平面近圆形，地处临水高地，三面环湖，一面为壕，取水与防御功能并重。龙嘴城址废弃之后，油子岭文化的人们很快在石家河遗址的谭家岭营建了面积达 20 万平方米的谭家岭城址，是当时长江中游地区最大的城址，首次展示了汉东地区的荣光。

从壕沟到城壕聚落，洞庭湖西岸的史前人类经历了彭头山文化到大溪文化近三千年的摸索与尝试，汉东地区则从边畈文化到

---

① 刘莉、陈星灿：《中国考古学》，生活·读书·新知三联书店 2017 年版。

② 湖南省文物考古研究所：《澧县城头山——新石器时代遗址发掘报告》，文物出版社 2007 年版。

油子岭文化的一千年时间内全部实现，而且营建了当时规模最大的谭家岭古城。汉东地区加速度的发展应该是各种因素综合的结果，但洞庭湖西区积累的筑城挖壕经验应该是其技术借鉴的宝贵来源。

城壕聚落的修建不仅能够防人御兽，而且大型沟渠能够实现引水灌溉、储水生活等多种需求，从而满足稻作农业社会所需求的稳定环境和水利资源。此时，城壕聚落在两湖地区陆续出现，尤其在汉东地区的加速修建，表明城壕作为水资源利用和管理的关键技术得到推广。然而，这一时期城壕聚落处于技术实验阶段，数量仍然较少，普及程度不高，仅着眼于自身聚落的维护，没有形成为体系化的设计。

经过快速的发展，江汉平原迎来屈家岭文化的时代。目前发现的屈家岭文化城址包括位于南阳盆地的襄阳凤凰咀；位于汉东地区的孝感叶家庙、安陆王古溜，天门石家河、笑城、应城陶家湖、门板湾；位于汉水以西的沙洋城河、马家垸，荆州阴湘城；位于长江以南的公安鸡鸣城、青河城，石首走马岭，华容七星墩，澧县城头山、鸡叫城，南山卢保山等，加上油子岭文化和石家河文化的史前城址，目前已经发现 20 处（图 3.4）。

与史前聚落遗址分布特征一样，史前城址的分布也是位于江汉平原与周边山地的交会地带，其原因应该与当时的地貌环境有关。江汉平原内部地势低平，湖泊、河流纵横交错，大部分地区自古以来多为水网、沼泽地带。环境考古研究表明，构成两湖平原的江汉和洞庭地区分别是两个相对独立的凹陷区。新石器时代，洞庭湖平原延续更新世以来的陆生现象，整个平原处于微弱的上升阶段，沉积物缺失，呈现一片湖泊相间、河网交错的平原地貌景观；江汉平原则不同，没有形成统一的沉积环境，存在多个沉

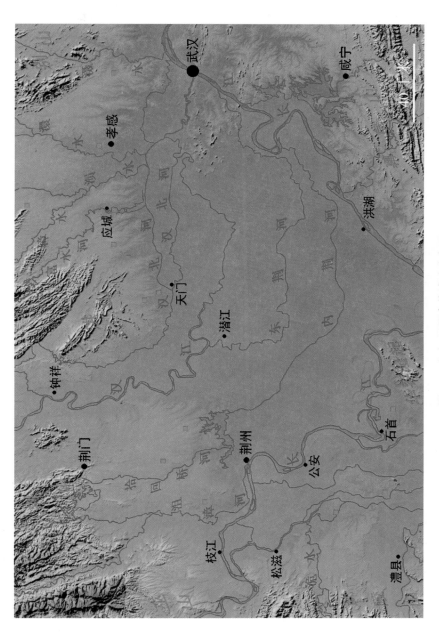

图 3.4　江汉平原史前城址分布图

降中心，各沉降区的下陷速率又很不一致，具有河流冲击和湖泊沉积的多重旋回，呈现出河湖相间的泛滥平原特色①。地势低平，湖泊、河流纵横交错的自然环境，导致大部分地区在雨季频受洪涝灾害影响，不利于史前先民定居生存。

江汉平原及其周边地区史前城址的集中出现，引起众多学者的极大关注。一些观点认为，古城出现标志着社会分工和阶层的出现，社会组织应该高度复杂化。另一些观点认为，将一些遗址确定为城址也存在很多问题，诸如石家河西墙外侧坡度只有25°，推测的东墙过于勉强；城河遗址的东部没有城墙迹象。王红星根据一些城址所在地区由记录的最高洪水位，探讨了江汉平原史前城址的城垣与防洪的问题②。何努对屈家岭遗址进行研究后，提出山地先民为了适应当地干旱小气候和高凉的微环境，创造出人工围堰、人居堰上的堰居式聚落形态③。至于以城址为主体探讨江汉平原的社会复杂化问题，将屈家岭遗址排除在外显得很不合理。

总之，江汉平原及其周边的史前聚落仍然存在诸多问题需要深入探讨。

---

① 中国科学院《中国自然地理》编辑委员会：《中国自然地理·历史自然地理》，科学出版社1982年版。

② 王红星：《从门板湾城壕聚落看长江中游地区城壕聚落的起源与功用》，《考古》2003年第9期。

③ 何努：《第七章　江汉地区》，《中国文明起源的人地关系简论》，科学出版社2022年版。

第 四 章

聚落遗址无人机拍摄与三维重建

随着无人机低空拍摄技术的不断发展和多视角三维重建等技术的日益成熟，对大、中型考古遗址开展低空拍摄与三维重建等工作成为可能。考古遗址的三维重建可以认为是将整个遗址的地面空间信息采集到计算机中，由此能够获取考古遗址高分辨率的正射影像图、数字表面模型、地形图等成果，为考古遗址的分析、研究、保护、规划、展示等工作提供高精度的数据支持。

江汉平原中史前聚落众多，已经开展了大量的田野考古工作，本书选择其中 25 处重要史前遗址进行无人机低空拍摄和三维重建，并结合早期卫星影像等资料开展分析和研究。

25 处史前遗址分三次完成无人机拍摄。2017 年 12 月中旬和2018 年 3 月中旬两次拍摄中，12 月中旬植被稀少，地面基本裸露，能够很好地反映遗址地表特征。使用大疆精灵 4 专业版无人机分航带进行往返拍摄，飞行高度约 180 米，同一航线相邻影像大致重叠75%，相邻航线影像重叠25%左右，每个遗址拍摄 1 平方千米以上的范围，生成三维模型后可以导出 5 厘米分辨率的正射影像图与 50 厘米分辨率的数字表面模型，正射影像图中一些建筑物顶部有变形。2019 年的 3 月中旬使用大疆御 2 专业版无人机补拍少量遗址，扩大范围重新拍摄了石家河、城河、屈家岭遗址，其时树木开始发芽，部分地表有植被覆盖，飞行高度约 410 米，同一航线相邻影像大致重叠 75%，相邻航线影像重叠 50% 左右，可以生成 10 厘米的正射影像图与 50 厘米数字表面模型，正射影像图中建筑物顶部基本无变形。

通过对各遗址的正射影像图、数字表面模型、等高线图等数据的比较分析，发现很多遗址的数字表面模型能够很好地反映遗址内部及其周边区域的高低起伏特征，清晰显示出残存的城垣、壕沟等遗迹，以及自然河道与沟谷等地貌特征。

第一节　聚落遗址的无人机拍摄

江汉平原周边的史前聚落遗址大都位于较为平坦的地域内，可以使用相同的相对飞行高度进行拍摄。飞行高度根据获取影像的分辨率来决定，以 2000 万像素的大疆精灵 4 专业版或御 2 专业版无人机为例，飞行高度 210 米左右可以获得 5 厘米分辨率的正射影像，飞行高度 430 米左右可以获得 10 厘米分辨率的正射影像。一般较大的遗址可以输出 10 厘米分辨率的正射影像图，考虑到遗址内可能存在一些沟谷等低洼地带，相对飞行高度一般确定为 410 米左右。

大疆无人机拍摄的影像记录有拍摄瞬间的位置数据（WGS84 坐标系），一些多视角三维重建、倾斜摄影等软件都可以根据这种数据对三维模型进行控制，平面坐标的相对精度比较好，对于绝对精度要求不高的遗址调查等工作来说，可以不用设置高精度的地面控制点。

　　手动控制无人机飞行拍摄时，首先根据遗址的位置和范围，在已有遥感影像或导航类的 app 上制定简单的飞行拍摄方案，确定拍摄起始、结束的位置，小型遗址（10 万平方米以内）也拍摄 1 平方千米以上的范围，大型遗址拍摄范围大于遗迹分布区域。无人机从拍摄起点（一般为拍摄区域的东南角或西南角）位置附近的开阔地面开机，检查各种设置后以姿态模式（P 档）起飞，升空后切换到运动模式（S 档），从监控显示器上监测飞行方向、升空速度、水平速度、飞行距离等参数。反复切换 app 监控界面的影像模式和地图模式，显示格网的比例尺为 100 米时停留在地图模式中，无人机飞行至拍摄起始点附近的格网交叉点，飞行高度 410 米左右，调整飞行方向为正南北方向，开始沿格网线一边向前（北）飞行一边拍摄，大致每 1.5 个小格拍摄一幅影像，每个地面点可以拍摄到相邻的 4 幅影像之中。到达拍摄区域北界后，向中部横向移动无人机 4 个小格，沿格网线一边向后（南）飞行一边拍摄，大致每 1.5 个小格拍摄一幅影像。完成第二航带拍摄后按照同样的方法横向移动无人机拍摄第三航带的影像，直至完成整个遗址的影像拍摄。相较于中部航带，外侧两个航带的两端分别多拍摄 1 至 2 幅影像，以便使生成的遗址三维模型四角完整无缺（图 4.1）。

　　以往的工作中发现无人机同一高度拍摄平坦地域中的遗址时，有时会产生中部整体凸起或凹陷的变形。经过多次尝试后，发现在拍摄开始和拍摄过程中增加一些倾斜拍摄的影像即可解决整体变形问题，小范围拍摄时可以在每个航带的南端以 75°左右的倾角拍摄一幅倾斜影像即可，大范围拍摄时需要在每个航带的南端和中部以 75°左右的倾角拍摄一些倾斜影像。

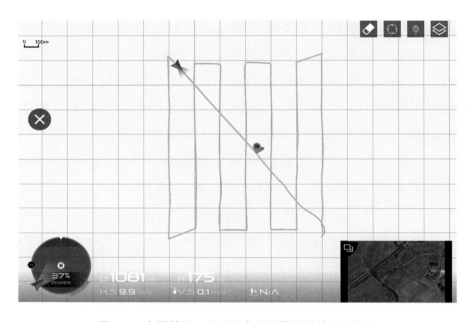

图 4.1　大疆精灵 4 系列无人机拍摄遗址的飞行轨迹

　　一个遗址拍摄结束后，应该拷贝全部影像到计算机中，在拍摄现场进行简单检查或初步处理，确认拍摄区域内的影像覆盖是否完整，有没有遗漏的部分。最简单的办法是把全部影像加载到 Agisoft Photoscan 软件中，看看软件中显示的全部影像位置是否均匀分布（图 4.2）。间隔大的两幅影像需要局部放大后查出编号，再检查重叠度是否达到 50% 以上，最后再抽查一些影像看看是否清晰。如果有问题需要立即在现场进行补拍，没有问题才可以离开现场，回到室内使用高性能的计算机或图形工作站进行处理。

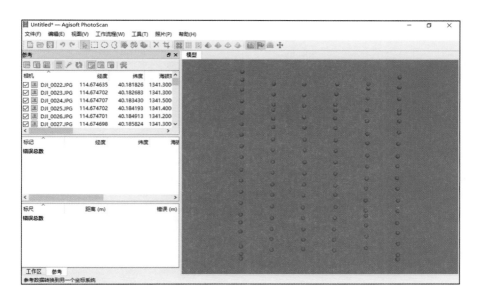

图 4.2　航拍影像位置图

第二节　三维重建中坐标系等设置

如果遗址内有树木、建筑物等高大地物，生成密集点云后可以从侧面选择其异常点云予以删除，确保后续处理中生成较高精度的等高线数据。具体方法可以从菜单"视图"→"预定义视图"的"左侧"、"右侧"、"正面"、"返回（背面）"等视角，选择不同的位置进行缩小、放大、移动等操作，以便选择应该删除的点云部分进行删除，尽量减少树木等点云对地面起伏的干扰。

在遗址三维重建处理过程中，如果使用每幅影像记录的卫星定位信息进行遗址整体定位，需要在"参考"面板中点击"转换"图标，打开"选择投影"面板（图4.3）。

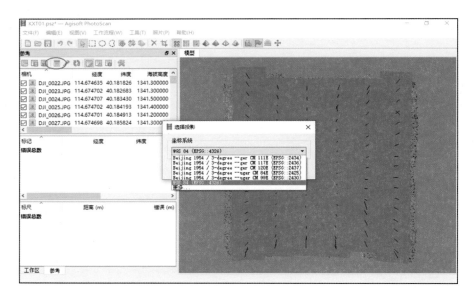

图 4.3　转换坐标系设置

在"更多"选项中收缩"地理坐标系统",展开"投影坐标系统",在"Beijing 1954"中选择与遗址范围内影像经度最接近的中央子午线所在的投影带(图 4.4)。图中每幅影像显示的经度大致为东经 114.674……度,所以选择差值最小的 1954 年北京坐标系 3°投影带的中央子午线为 114°。确定后即可发现各影像的平面坐标由"经度"、"纬度"变成为"东距"、"北距"。

在生成网格的设置中,网格(或面数)的数值与拍摄区域的面积、生成 DSM 的地面分辨率直接相关。理论上如果网格均匀分布,那么每平方千米生成 1 米分辨率的 DSM 则需要 100 万面,考虑到网格不可能均匀分布,实际上每平方千米需要超过 200 万面。运用 Agisoft Photoscan 等软件导出 DSM 时,设置的地面分辨率(像素尺寸)不能小于软件提示的参考分辨率数值(图 4.5)。

图 4.4　选择合适的投影带

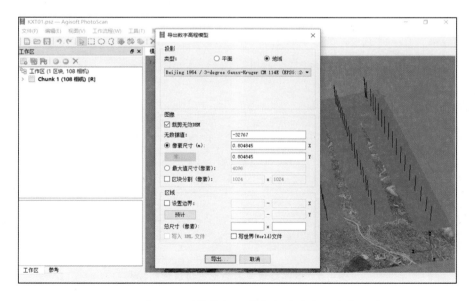

图 4.5　导出 DSM 时软件提示的参考分辨率（像素尺寸）

对于拍摄范围比较大的石家河等遗址，点云数目巨大，普通的计算机无法一次生成数千万面的网格，需要对密集点云进行切割，分成 4 个小区域分别生成网格，导出 DSM 后再运用 GIS 类软件进行合并处理。

DSM 是一个 32 位的数据集，一般的影像处理软件打开后无法显示遗址的高低起伏情况，需要使用 GIS 类的软件进行转换，才能得到各遗址的地表高程图。很多软件在遗址三维重建过程中，无法识别和处理水面无匹配点的问题，生成很多噪点，影响了遗址高程图的判读效果。需要在影像处理软件中，参照遗址正射影像图逐个选取水体范围，再使用合适的色调予以填充替换，可以适当增加影像的整体反差，提升遗址高程图的质量（图 4.6）。

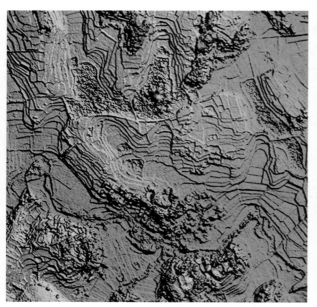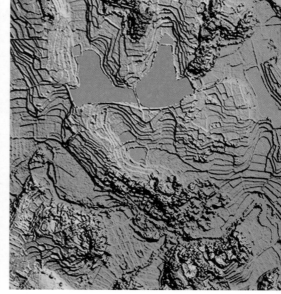

图 4.6　水体处理前后的王古遛遗址高程图

第 五 章

重要史前聚落遗址的水文模式

为了探讨聚落与自然环境之间的相互关系，需要对小流域乃至典型聚落进行分析。本书为了便于制图与区域分析，将江汉平原中典型聚落分布区域分为华容隆起地带、荆山南麓、大洪山西麓、大洪山南麓、大别山西南等五个小区域。典型聚落特征根据无人机拍摄的低空影像生成的数字表面模型进行分析。

此次拍摄的全部聚落中除石家河、屈家岭、陶家湖和城河之外，其他聚落遗址的面积都比较小，多个聚落遗址的面积甚至不足 10 万平方米。本书中小型聚落遗址影像对应的地面范围是 1 千米×1 千米，叶家庙遗址群的影像范围是 1.5 千米×1 千米。全部聚落根据目前学界的认知分为有城垣聚落和环壕聚落，25 个聚落中心点的经度、纬度、高程与文化类型见表 5.1，分布位置如图 5.1。

表 5.1　　　　　　　　聚落遗址的位置、高程与文化类型

序号	名称	中心点经度	中心点纬度	高程（米）	文化类型
1	龙嘴城	113°04′48.72″	30°46′26.52″	30—33	油子岭文化

续表

序号	名称	中心点经度	中心点纬度	高程（米）	文化类型
2	谭家岭	113°04′44.61″	30°46′29.11″	36—40	不晚于屈家岭文化
3	石家河	113°04′52.50″	30°46′32.23″	34—46	屈家岭—石家河文化
4	走马岭	112°31′24.78″	29°40′30.94″	32—35	屈家岭文化
5	阴湘城	112°01′31.92″	30°29′51.00″	39—42	屈家岭早期—石家河文化
6	笑城	113°18′21.47″	30°50′34.07″	29—32	屈家岭文化晚期
7	城河	112°24′28.51″	30°35′19.37″	43—53	不晚于屈家岭文化晚期
8	门板湾	113°31′58.37″	30°54′51.40″	29—36	屈家岭文化晚期
9	陶家湖	113°22′26.32″	30°54′46.79″	39—45	屈家岭晚期—石家河化早中期
10	青河城	112°05′26.12″	29°42′12.26″	30—33	屈家岭晚期—石家河文化
11	马家垸	112°14′05.57″	30°41′04.42″	49—51	屈家岭—石家河文化早期
12	鸡鸣城	111°58′59.78″	29°55′12.79″	36—40	屈家岭—石家河文化早期
13	叶家庙	113°53′56.66″	30°58′50.73″	30—32	屈家岭晚期—石家河文化早期
14	王古溜	113°35′02.61″	31°17′48.06″	69—76	屈家岭晚期—石家河文化早期
15	张西湾	114°17′16.23″	30°54′58.72″	39—42	石家河文化早期—中期
16	边畈	112°38′59.09″	31°05′23.38″	44—46	边畈文化
17	屈家岭	112°54′15.78″	30°50′10.43″	43—48	油子岭—石家河文化早期
18	叶家湾	112°20′20.25″	30°28′12.17″	35—38	油子岭文化、屈家岭文化
19	余家岗	113°41′07.85″	31°19′43.84″	46—48	屈家岭文化
20	寨子山	112°40′11.34″	31°14′46.38″	65—70	油子岭—石家河文化
21	光华	112°09′00.55″	30°39′38.12″	45—48	屈家岭文化
22	荆家城	112°28′55.98″	30°33′27.22″	34—40	大溪文化、屈家岭文化
23	杨家嘴	113°53′18.29″	30°58′54.59″	29—31	新石器时代
24	晒书台	113°37′55.05″	31°11′50.40″	38—40	新石器时代、商
25	黄家古城	112°11′35.10″	30°41′04.90″	51—56	年代不详

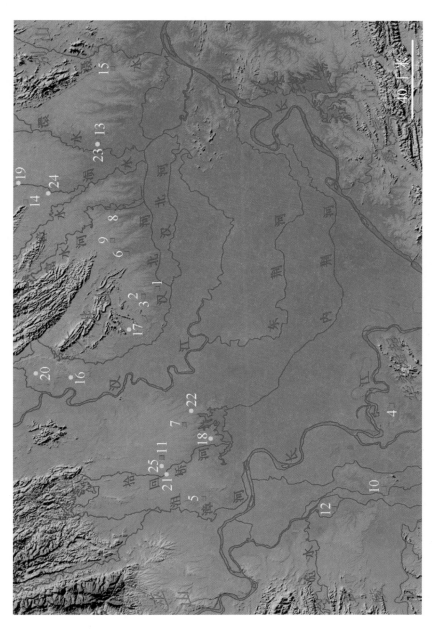

图 5.1　无人机拍摄的重要聚落遗址分布图

第一节　华容隆起地带

华容隆起地带位于长江以南，地势较为低平，地面坡度基本上在 1°以内，大多为粘土质淤积平原。现有沺水、松滋西河、松滋东河、虎渡河、藕池河等穿行其间，有上津湖等众多大型湖泊，水资源极为丰富，但也极易受到水患威胁。区域内有无人机拍摄的走马岭、青河城、鸡鸣城三个有城垣聚落，均处于低平地域的稍高地带（图 5.2）。

一　走马岭遗址

走马岭遗址位于石首市东升镇，石首市东南约 10 千米，北距长江约 10 千米，西边紧邻石首市最大的湖泊上津湖。1990 年至1992 年，荆州博物馆对走马岭遗址进行发掘并解剖城墙，确定遗址具有较为完整的城垣与壕沟结构，平面大致呈不规则的四边形，城垣东西方向最大 370 米，南北方向最大 300 米，壕沟外径 480 米，面积约 7.8 万平方米，年代为屈家岭文化时期。2004 年 5 月，调查和勘探发现走马岭北边的屯子山及南边的蛇子岭等遗迹①。城内发现有分布较广的红烧土建筑堆积，地势较高的东北部当为主要居住区②。走马岭遗址东北有屯子山遗址，外围也有独立的城垣和壕沟，面积、时代与走马岭相当，虽然目前暂未发掘，但考古调查在不同位置发现了大面积的红烧土堆积，表明该遗址也应是一处独立的聚落③。

---

① 荆州市博物馆等：《湖北石首市走马岭新石器时代遗址发掘简报》，《考古》1998 年第 4 期。
② 曲英杰：《长江古城址》，湖北教育出版社 2004 年版。
③ 荆州市文物考古研究所等：《湖北公安、石首三座古城勘查报告》，《古代文明》第 4 卷，文物出版社 2005 年版。

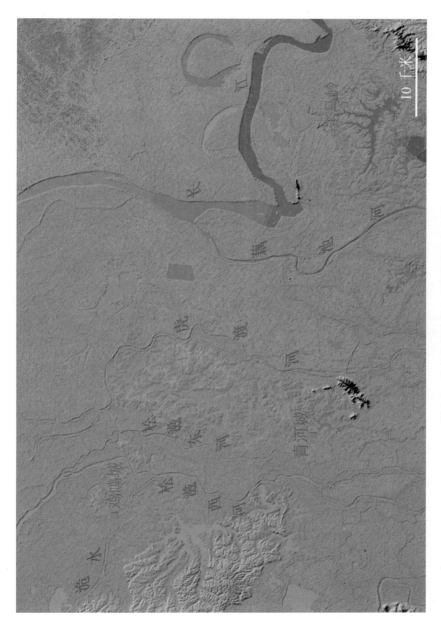

图 5.2　华容隆起地带 3 座聚落遗址分布图

数字高程图显示走马岭遗址与屯子山遗址拥有各自的城垣与壕沟，走马岭的城垣与壕沟显得比较规则，而屯子山似乎是依附走马岭建设起来的，是走马岭向东北方向拓展之后的结果。此外屯子山东部与北部的壕沟似乎没有与走马岭的壕沟闭合，而是随屯子山同时向外拓展了一些距离，西部和北部从走马岭壕沟外拓展了大约 150 米，东部和南部可能向外拓展到蛇子岭外侧（图 5.3、图 5.4）。

图 5.3　走马岭遗址正射影像图

图 5.4　走马岭遗址数字高程图

　　1974 年 11 月的卫星影像显示走马岭遗址与现今的情况相比变化不大，主要是遗址东侧内部和外部因挖掘取土各出现一个大坑（图 5.5）。遗址周边水资源特别丰富，西部邻近上津湖，雨季长江洪峰导致水位抬升后，极易淹没遗址所在区域，防涝压力巨大。早年还有长江调旋口至上津湖再往洞庭湖的泄洪道。

图5.5 1974年11月走马岭遗址锁眼卫星影像图

目前石首市北门口水文监测点的警戒水位高程是38.5米，2020年7月24日水位达到39.5米。屯子山北垣最高处高程41.5米，走马岭东北垣最高点高程40.7米，遗址内部高程一般是32米—35米①。由此可见走马岭和屯子山周边的城垣结构，雨季中

① 荆州市文物考古研究所等：《湖北公安、石首三座古城勘查报告》，《古代文明》第4卷，文物出版社2005年版。

可以起到很好的防洪作用。

二 青河城

青河城遗址位于公安县甘厂镇青河村，公安县城南约 30 千米，其西南约 2 千米为松滋东河。青河城平面略呈圆角梯形，东西向，西北角呈现明显的拐角，东垣向外凸出。2004 年，荆州市文物考古研究所等对青河城遗址进行调查和钻探，基本确定了青河城的范围、规模，年代为屈家岭文化晚期到石家河文化阶段。城垣宽约 30 米，东西长约 300 米，南北宽 200 米—240 米，面积约 6 万平方米。地表可见城垣遗迹，形状基本完整，城垣底部宽约 30 米①。

青河城遗址外东南部地势稍高，西北部偏低。规模很小，城垣内外高差不大，外围似乎存在壕沟迹象，可能是取土修筑城垣形成的，周边地区地势都较为平坦，东部和西部存在较为明显的河流侵蚀特征（图5.6）。

数字高程图显示青河城遗址位于自南向北的平缓岗地之上，结合早期卫星影像，可以发现城垣南部似乎没有闭合，而是转向南方往外延伸。城垣西北部有一类似城垣结构向北延伸至北部稍高的台地上，长度约 160 米，底部宽度与城垣宽度相当（图5.7、图5.8），考古调查认为是现代形成的堤坝。比较显著的城垣部位有北城垣和东城垣，高出城内地面 0.5 米—2 米，高出城外地面 2 米—5 米；东北角高出城内近 3 米，应该是十余年前村民为躲避洪水而在城内挖土堆筑而成②。

---

① 荆州市文物考古研究所等：《湖北公安、石首三座古城勘查报告》，《古代文明》第 4 卷，文物出版社 2005 年版。

② 荆州市文物考古研究所等：《湖北公安、石首三座古城勘查报告》，《古代文明》第 4 卷，文物出版社 2005 年版。

图 5.6 青河城遗址正射影像图

青河城紧邻的松滋东河是雨季长江向南分流进入洞庭湖的通
道之一,雨季会受到长江洪水的直接影响。青河城东北角因现代
村民为躲避洪水而被堆筑加高,说明洪水期面临的洪涝灾害威胁
非常严峻,史前先民修筑城垣的目的应该主要用于防御洪涝灾害。
城垣西北往北延伸的人工建筑可以确定为其东部水塘的堤坝,存
储的水源可以用于旱季灌溉西部低地的农田,应该通过钻探、试
掘等方式确定堤坝的具体年代。

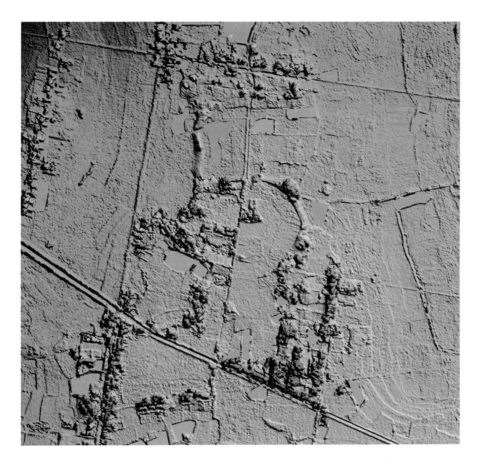

图 5.7　青河城遗址数字高程图

三　鸡鸣城

　　鸡鸣城遗址位于公安县狮子口镇王家厂村四组和龙船嘴村一组的交界处，公安县城西南约 25 千米，南面约 2 千米为人工裁直后的洈水河。1996 年田野调查时发现鸡鸣城，根据城内剖面及采集到的遗物初步推测该城年代为屈家岭文化时期。鸡鸣城形状近似圆角梯形，略呈东北—西南走向，北部略呈圆弧形，东南角和西南角有明显的转折。城垣底部宽约 30 米，可能存在东、南、

图 5.8 1974 年 11 月青河城遗址锁眼卫星影像图

西、北四个城门。城址南北长约 480 米、东西宽约 330 米—430
米，面积约 18 万平方米，城垣外南、西、北部护城壕的残迹十分
明显，现为水塘，宽度在 50 米至 70 米之间①。

　　鸡鸣城遗址内中部较高，称为沈家大山，呈圆角梯形，南北
长约 200 米，东西宽约 170 米，从数字高程图上可以看出其外围

①　曲英杰：《长江古城址》，湖北教育出版社 2004 年版。

似乎有一圈环壕，北部两个水塘应该是环壕的一部分。外部环壕
基本上保存完整，只是东部城垣缺失，现代居民沿地势稍高的城
垣修建房屋（图5.9、图5.10）。早期影像显示鸡鸣城遗址东北
和西北都有古河道遗迹，南部不远处就是沩水故道（图5.11）。

图5.9　鸡鸣城遗址正射影像图

　　沩水流域属于武陵山脉石门支脉，地处鄂西山地向江汉平原
过渡地带，地势西高东低，面积2218平方千米。上游山地陡峭，
高程为500米—1000米，河道坡降5‰以上，河水暴涨暴落，易

发生山洪。沮水下游是平原湖区，河道坡降 1‰—2‰，雨季常因排水不畅而发生洪涝灾害①，致使鸡鸣城面临巨大的防洪压力。

图 5.10　鸡鸣城遗址数字高程图

四　小结

华容隆起地带的松滋西河、松滋东河、虎渡河、藕池河等因

①　《中国河湖大典》编纂委员会：《中国河湖大典·长江卷》，中国水利水电出版社 2010年版。

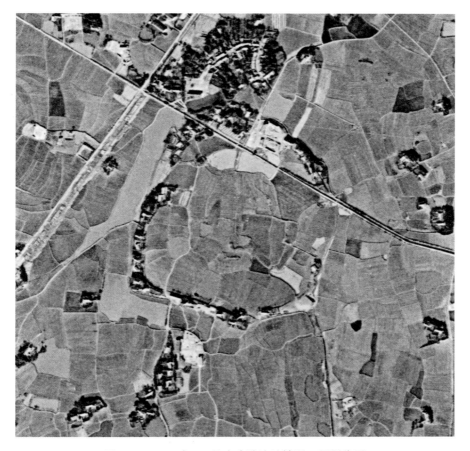

图 5.11　1974 年 11 月鸡鸣城遗址锁眼卫星影像图

地块断裂构造而形成，目前均为雨季长江向洞庭湖的分流与泄洪水道，早年存在长江调旋口至上津湖再往洞庭湖的泄洪水道，向南流动的过程中多次分岔、汇合，史上曾有过河水北流的情况，水文环境极其复杂。松滋西河的支流浣水流域范围超过 2000 平方千米，水量巨大。走马岭（含屯子山）、青河城、鸡鸣城等重要聚落内部地表的高程均低于当地的最高或警戒洪水位，而城垣的最高点却高于或接近警戒洪水位，充分说明了城垣在防洪过程中所发挥的重要作用。

第二节 荆山南麓

荆山南麓位于江汉平原西北部的湖区和荆山余脉东南的山岗丘陵地带，地势北高南低，由西北向东南呈缓慢倾斜，兼有低山坳谷区、丘岗冲沟区和平原湖区。有沮漳河、拾回桥河等自北向南穿行其间，为淤土质淤积平原与红土阶地和岗地的过渡地带。沮漳河西支沮河发源于神农架东麓，东支漳河发源于南漳三景庄龙潭顶，河长341千米，流域面积达7305平方千米。拾回桥河发源于荆门市东宝区，上游两岸多山，坡陡流急，河长115千米，流域面积1081平方千米。该区域内拍摄了阴湘城、城河、马家垸3个有城垣聚落和叶家湾、光华、荆家城、黄家古城4个环壕聚落（图5.12）。

一 阴湘城

阴湘城遗址位于荆州市荆州区马山镇阳城村三组，南距马山镇约4千米，处于沮漳河下游平原和荆山余脉的交汇地带，北面和西北面是余家湖，东南约300米的地方有荆江大堤。1991年10月至1992年2月，荆州博物馆对古城东墙进行发掘，初步厘清古城的结构，使用年代为屈家岭早期—石家河文化时期。城址平面略呈圆角方形，南半部保存完好，北部被湖水侵占，现存城址东西长约580米、南北残宽约350米，面积约20万平方米。城垣宽10米—25米，城垣外侧有30米—40米宽的城壕。城垣高出城内附近地面1米—2米，高出城外壕沟5米—6米。遗址内文化堆积较厚，内涵丰富，叠压着大溪文化、屈家岭文化和石家河文化三种遗存①。

① 荆州博物馆：《湖北荆州市阴湘城遗址1995年发掘简报》，《考古》1998年第1期。

图 5.12　荆山南麓地势与聚落位置图

图 5.13 阴湘城遗址正射影像图

阴湘城地处沮漳河下游的冲积平原，汛期受到长江与沮漳河洪水的威胁很大。阴湘城的正射影像图和数字高程图显示残存的南部城垣结构比较完整，外部壕沟宽度约 50 米—80 米。遗址中部偏西位置有宽约 150 米的南北向低洼地带，遗址北部损毁严重，南部约 300 米处为长江防洪重点工程的荆江大堤，残存城垣的最高处与荆江大堤的高程非常接近（图 5.13、图 5.14）。早期卫星影像中显示的遗址残存情况与现今差异不大，只是当年大量的农田现今已变成水塘（图 5.15）。

阴湘城遗址中部偏西为一条南北向的低洼地，高程约 37.1 米
—38.7 米，此处遗物分布较为稀疏，其与城壕的高程相近，经钻
探、采样和分析，发现此处地层中包含有大量的稻谷硅酸体。遗
址内东部较高地带经钻探发现有大量的红烧土堆积，似为房屋遗
迹较为集中处，文化堆积厚度在 3 米以上，遗存也十分丰富①。可
以认为当时遗址内东部较高地带是居住区，低洼地带便于引水灌
溉，应该是种植水稻等农作物的区域。

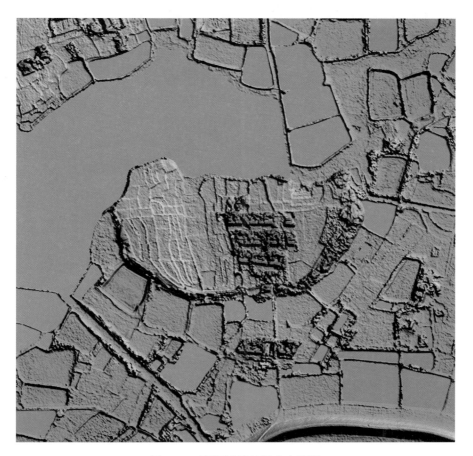

图 5.14　阴湘城遗址数字高程图

---

① 院文清：《湖北荆州市阴湘城遗址东城墙发掘简报》，《考古》1997 年第 5 期。

图 5.15 1974 年 11 月阴湘城遗址锁眼卫星影像图

二 城河

城河遗址位于荆门市沙洋县后港镇双村十三组和龙垱村三组，地处汉江西侧、长湖北岸。城河干流及其支流分别流经遗址的西、南及东侧，于遗址东南方位汇合。2006 年 10 月，荆门市文物考古研究所对城址进行调查，确认城址的年代不晚于屈家岭文化晚期。遗址平面呈不规则椭圆形，保存有城垣和环壕（图5.16）。环壕外界南北约 900 米、东西约 1000 米，面积达 70 万

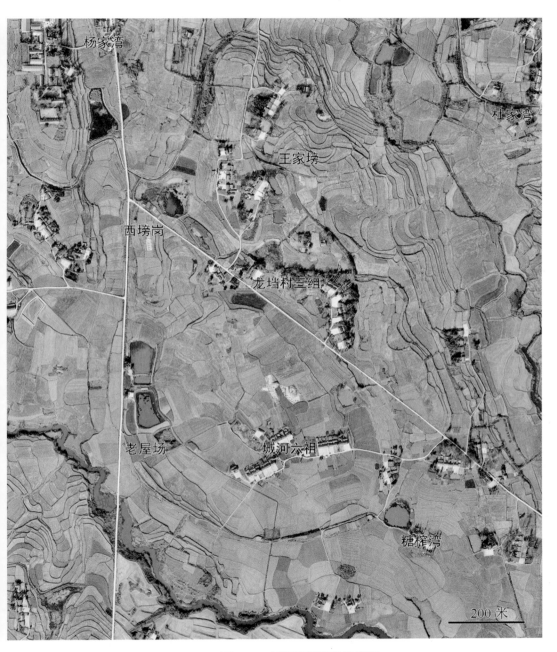

图 5.16 城河遗址正射影像图

平方米。城垣内侧南北约 600 米、东西约 800 米，城内面积约为
50 万平方米[①]。

城河遗址地处粘土质淤积平原，外围是红土阶地和岗地，遗址西侧城河的流域面积为 32 平方千米，东侧支流的流域面积 7 平方千米，水利资源较为丰富。

城河遗址的数字表面模型显示其位于一个自北向南偏东方向延伸的长岗前端，自然水流侵蚀、切割出很多小的沟槽（图 5.17 中蓝色箭头指向）。城河遗址位于两条小河汇合处形成的三角地带，其环壕应该有内外两重（图 5.17 中红色箭头指向），显得非常规则，应该是在自然冲沟的基础上精心加工而成。早期可能只有内环，面积很小，但是随着人口增加需求增大，必须建设外环以增加聚落的种植和居住面积。从地面观察外部环壕的东部似乎并不完整，但是从数字表面模型上可以看出明显的环壕走向，实地勘探发现环壕位于现地表以下 2 米左右。

城河遗址的早期影像显示 20 世纪 70 年代的地貌特征与目前的情况非常相似，只是在遗址西部修建了一条水泥路面的公路，对遗址造成了一定的破坏（图 5.18）。

在城河遗址的数字高程图中，可以看出其东北部分地势较高，西南部分地势较低，城河河道流经遗址西南部外侧，在老屋场南侧切割了西南部的少许台地。老屋场往西的城河河道和东部支流的河道两侧有宽敞的河谷，而老屋场往东南方向的城河河道深切于台地之中，没有因河流摆动形成宽阔的河谷（图 5.17）。数字高程图显示老屋场、城河六组南侧至糖榨湾一线具有典型的河谷特征，应该是早期城河干流摆动形成的河谷遗迹。城河遗址的建

---

① 中国社会科学院考古研究所等：《湖北沙洋县城河新石器时代城址发掘简报》，《考古》2018 年第 9 期。

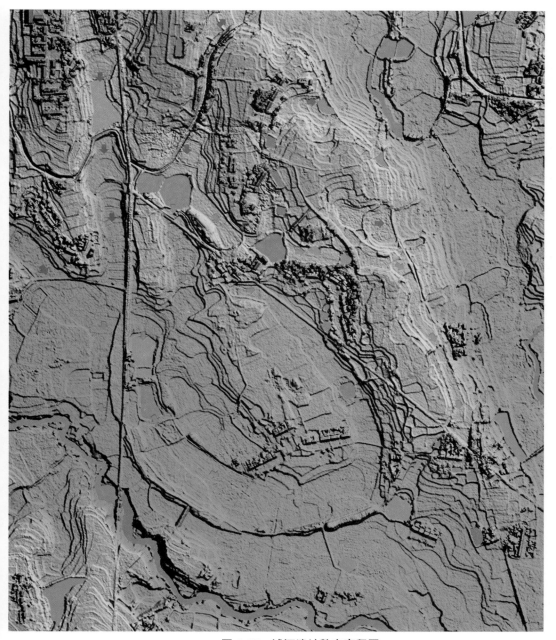

图 5.17　城河遗址数字高程图

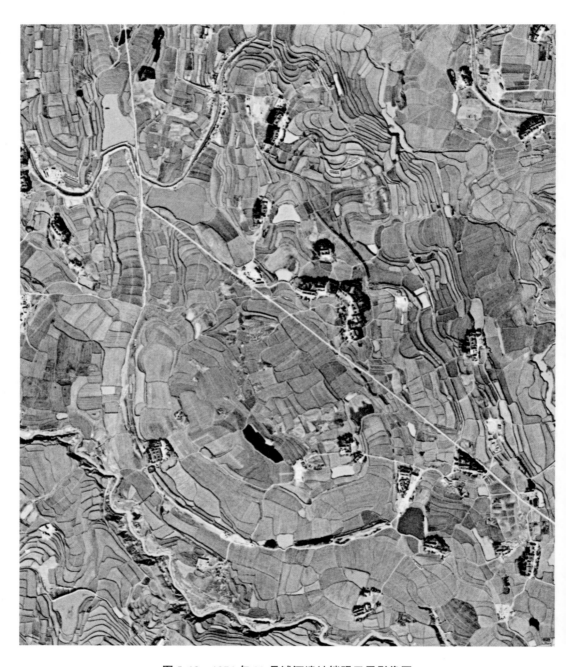

图 5.18　1974 年 11 月城河遗址锁眼卫星影像图

设直接拦截了城河主河道，在河谷中建立起一道弧形的人工设施，将雨季中的降水存储在老屋场以西的河谷中，并开凿了现在老屋场东南部的河道用于排水、泄洪，老屋场以西的河道形成储水的水库。城河人如此改造的目的是将当时肥沃的河谷变成种植水稻的农田，干旱季节可以从西部水库中引水灌溉。

如果只是从阻断城河水源贮水抗旱角度来看，南部老屋场至糖榨湾的城垣应该另有功用。考虑到梅雨季节可能会有外部水位上涨倒灌等情况，假设从城河遗址南部低洼地带开始，模拟水位逐渐增加后的淹没模型，就会发现水位增加 4 米后（2016 年夏季洪涝时期的水位），遗址的大部分区域都被淹没，但弧形城垣残存的最高部分尚未被淹没。可以设想如果城垣保存完整，外部水位上涨后，西部至南部的弧形城垣能够充分发挥现今圩垸的功能，很好地阻止水流进入聚落内部，保护聚落内部居民的生命和财产安全（图 5.19）。

城河遗址东部和北部地势较高，雨季中可以避免洪水的威胁，而遗址的南部和西部原本是城河的一段河谷，地势低洼，雨季极易受到洪涝灾害影响。城河先民修筑了西塝岗至老屋场、糖榨湾的圩垸设施，使居住和农耕的地域与外部环境形成物理分隔，积极防御洪涝和干旱灾害，确保农业种植和居民生活顺利平稳。

城河遗址的北部环壕向外突出，田野考古工作发现城垣西北部西塝岗东侧、北部中段龙垱村三组及东南部糖榨湾等地均设有水门遗迹①。根据遗址的高低起伏情况，认为西北及北部中段的水门应为进水口，东南部的水门是出水口。那么西北和北部水门的位置较高，附近没有较大的水源，需要分析从哪里引水的问题。

---

① 中国社会科学院考古研究所等：《湖北沙洋县城河新石器时代城址发掘简报》，《考古》2018 年第 9 期。

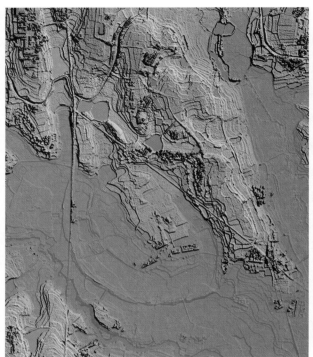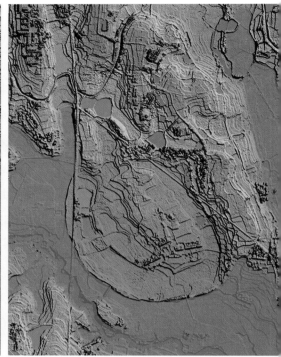

图 5.19　城河遗址淹没模型分析

　　遗址外西侧城河河段水面的高程低于北部两个水门的高程,遗址北部水门的水源应该来自其东北部的支流。实地钻探发现王家塝西侧有屈家岭时期的引水渠道,而王家塝东北侧的河道中有南北向疑似拦河水坝。通过修筑拦河坝的方式,抬升东北支流的水位才能实现从王家塝西侧引水,能够经过龙垱村三组的水门进入内部农耕区域。

　　根据数字表面模型进行城河遗址北部水文模拟,可以发现王家塝东北部水坝拦截抬升的水位,可以进入遗址北部的外壕(图5.20 左),然后通过水门进入城垣内部农耕区。城河遗址的整体水利工程可以拦截西部城河与东北部支流,形成两个较高位置的

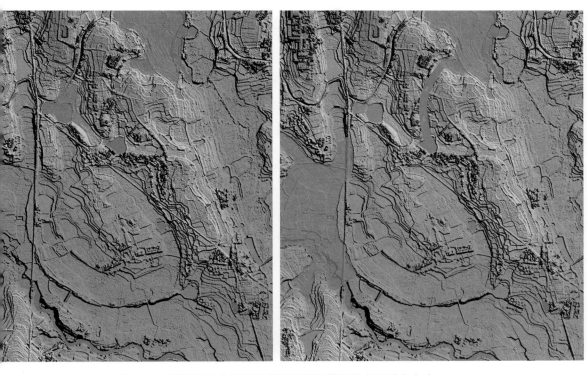

图 5.20　城河遗址北部淹没模型分析与筑坝贮水和引水方式

贮水区域，便于干旱时期引水灌溉（图 5.20 右）。

城河遗址拦截了东、西两侧河道，合理控制水源，有效地防范雨季的洪涝灾害和夏秋季节的干旱天气，低洼地带种植水稻，高地用于居住地和墓葬区，是江汉平原史前治水文明的杰出代表。

三　马家垸

马家垸遗址位于荆门市沙洋县五里镇，鲍河支流东港河的东岸。地处长江中游、江汉平原西北，地势属荆山余脉的丘陵岗地向平原的过渡地带。1989 年文物调查时，荆门市博物馆通过对马家垸遗址城墙断面及采集陶片的分析，确认是一处重要的屈家岭文化至石家河文化早期古城。

马家垸古城保存完整，除西北角受东港河弯道影响外，大致
呈圆角方形，南北最长约 720 米、东西最宽处 600 米，总面积约
30 余万平方米。城垣之外有护城河，护城河除南、北局部损毁
外，其余基本保存完好。东港河一般为 30 米—50 米宽，河床距地
表约 4 米—6 米。城外护城河相连，城内一河道自西北城门曲经城
内至东南城门流出（图 5.21、图 5.22）①。

图 5.21 马家垸遗址正射影像图

① 湖北省荆门市博物馆：《荆门马家垸屈家岭文化城址调查》，《文物》1997 年第 7 期。

图 5.22 马家浜遗址数字高程图

马家浜遗址所处东港河河谷中部，上游流域面积为 175 平方千米，水量充沛，受洪涝灾害的威胁很大。遗址位于一片稍高的台地之上，外侧东西两边各有一条弯曲的小河自北向南流过，西侧的东港河在遗址附近弯道较少，河道下切较深。东侧小河颇为弯曲，流域面积很小，是典型的曲流河，有多处不同时期遗留下来的废弃河曲，显示其极不稳定的一种状况（图 5.23）。

图 5.23　1974 年 11 月马家垸遗址锁眼卫星影像图

　　马家垸城垣西墙北段应该是因东港河走向而转向东北方向，其中部和北部各有一个缺口，应该是从东港河引水的水门，东南角的缺口应该是出水口，中部的河道走向非常明显。城垣附近现今的东港河河道下切很深，不过宽度有限，史前先民可以通过拦截河道来抬升水位，引水进入城垣内部。城垣内北部中间地势稍高，目前其上部有民房，应该也是马家垸先民居住的地方。完整的城垣可以在洪涝灾害发生时，堵塞全部出入口即可阻止水流进入城垣内部。

四　光华

光华遗址位于荆门市沙洋县光华村，拾回桥河河谷内的西南部，荆门市博物馆调查后认为是一处屈家岭文化的环壕聚落。遗址可能是位于拾回桥河的一个废弃河曲中，整治后大致呈圆形，环壕内直径约 430 米，面积约 14 万平方米，环壕宽度 3 米 0—60 米。光华遗址所处位置的拾回桥河上游流域面积 480 平方千米，水量巨大。遗址能够紧邻拾回桥河河道，可能是当时这一地段的河道比较稳定，否则很难想象聚落生存会面临多么严峻的洪涝灾害问题（图 5.24）。

图 5.24　光华遗址正射影像图

　　光华遗址地处拾回桥河河谷的边缘，外部环壕比较完整，遗址周围古河道痕迹很多，形成环境较为复杂，全部的壕沟应该由古河道改造而成，地表不见城垣遗迹（图5.25、图5.26）。2021年湖北省文物考古研究所等单位在光华遗址南部和北部进行钻探和发掘，发现壕沟内侧有完整的城垣遗迹，确认是一处拥有完整城垣和壕沟的史前聚落遗址。

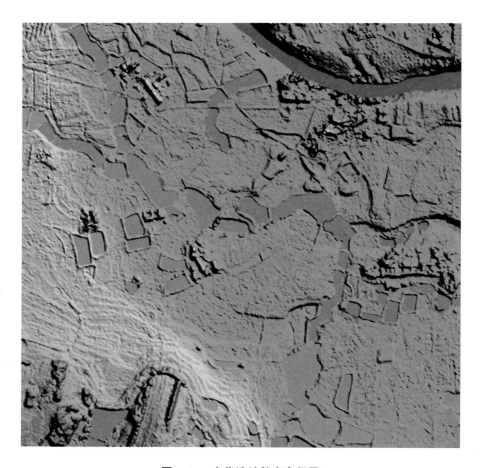

图 5.25　光华遗址数字高程图

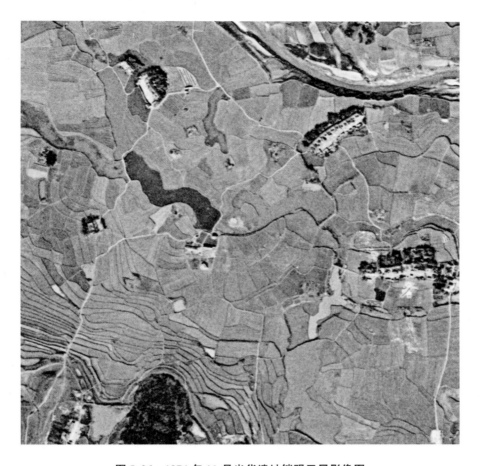

图 5.26　1974 年 11 月光华遗址锁眼卫星影像图

　　现今光华遗址附近的拾回桥河河道下切很深，河流稳定，海拔较高，不易发生洪涝灾害。穿过遗址环壕的古河道可能年代久远，应该早于遗址的使用年代。遗址周边的多处废弃河道可能早就被改造成水塘，一直被维护沿用至今，在干旱时期灌溉农田。屈家岭文化时期拾回桥河河道应该较浅，经常泛滥甚至改道，光华遗址的先民修筑城垣用于抗洪，改造废弃河道储水抗旱，生存条件较为艰险。

五 叶家湾

叶家湾遗址位于荆门市沙洋县叶家湾村，距离拾回桥河东岸 3 千米处的高台之上，高程比拾回桥河河谷高 10 米左右。湖北省文物考古研究所、荆门市博物馆进行过地面调查，发现油子岭、屈家岭文化地层，外围存在较为完整的环壕。叶家湾遗址的数字表面模型中环壕迹象并不明显，大致可以判断出圆形环壕，直径约 450 米，现今有引江济汉工程从遗址外侧的南部通过（图 5.27、图 5.28）。

图 5.27 叶家湾遗址正射影像图

图 5.28　叶家湾遗址数字高程图

　　叶家湾遗址地势较高，与附近河谷高差约 10 米，往南不远处就是江汉平原腹地，雨季里不会受到洪水的威胁，遗址周围没有发现城垣类遗迹。叶家湾遗址的地势比周边稍微高一些，中部有一些水塘，外围断断续续有一些沟渠分布，北部壕沟连贯性较好。现有引江济汉工程江汉运河从遗址外侧的东南部通过，西侧修建有新的沟渠，地貌景观有很大的改变。早期影像中北部环壕比较明显，东部仅存在部分环壕，南部和西部的环壕迹象已经不明显（图 5.29）。

图 5.29　1974 年 11 月叶家湾遗址锁眼卫星影像图

六　荆家城

　　荆家城遗址位于荆门市沙洋县毛李镇荆家城村，坐落在大港河河谷边一个相对高度约 5 米的台地之上，台地大致呈卵圆形，西北—东南方向，长约 500 米，宽 320 米。1982 年发现荆家城遗址，1985 年荆门市博物馆复查时确定该遗址的下层属于大溪文化，上层为屈家岭文化①。

----

① 　荆门市博物馆：《荆门市荆家城新石器时代遗址调查》，《江汉考古》1987 年第 2 期。

荆家城遗址所处大港河河谷上游流域面积158.6平方千米，遗址北部和南部均被水流切割，原来应该与西部岗地相连，可能是被人为切开后成为孤立的台地。遗址高出周围河谷5米左右，往南不远处就是河谷进入江汉平原的开口，即便河谷内有大洪水通过，也不会淹没到遗址所在的台地之上，确保居住其上的先民的生命和财产不会受到洪涝灾害的威胁（图5.30、图5.31）。

图5.30　荆家城遗址正射影像图

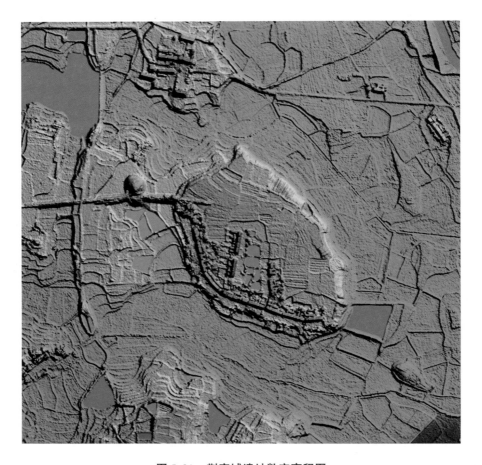

图 5.31　荆家城遗址数字高程图

　　荆家城遗址东北方向 500 米处有大港河河道，西北部较高地域有水库。遗址周边低洼地带现有水渠贯穿其间，引水灌溉极为便利。早期影像中地块、沟渠等情况与现今的情况极为一致，基本上没有变化，只有进出荆家城遗址的道路有些改变（图 5.32）。

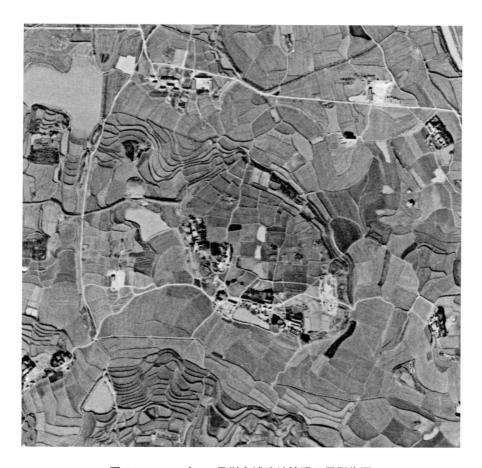

图 5.32　1974 年 11 月荆家城遗址锁眼卫星影像图

七　黄家古城

黄家古城遗址位于荆门市沙洋县黄家湾村，平面呈卵圆形，南部较宽，北部稍窄，拥有较为完整的城垣和环壕，城垣南北长 680 米，东西最宽处 380 米，外壕宽度一般为 15 米。黄家古城遗址内几乎全部被现代村镇占压，西北部城垣和壕沟损毁严重，目前开展的地面工作很少，初步调查认为是一处新石器时代的环壕聚落（图 5.33、图 5.34）。

黄家古城遗址坐落在三条自北向南的小河交汇处，从东往西每条小河上游的流域面积分别为 7 平方千米、14 平方千米和 13 平方千米，河流汇合后形成的河谷宽度约 800 米，河谷东西两侧是稍高一些的岗地。早期影像显示遗址的城垣完整，仅西城垣北段被毁，城垣内西侧有较大范围的南北向长条形水域（图 5.35）。三条小河的河道蜿蜒曲折，中部与西部小河在遗址西侧汇合，与东部小河在遗址南约 500 米处汇合。现今遗址东西两侧的河道都经过修整，成为平直的水渠。

图 5.33 黄家古城遗址正射影像图

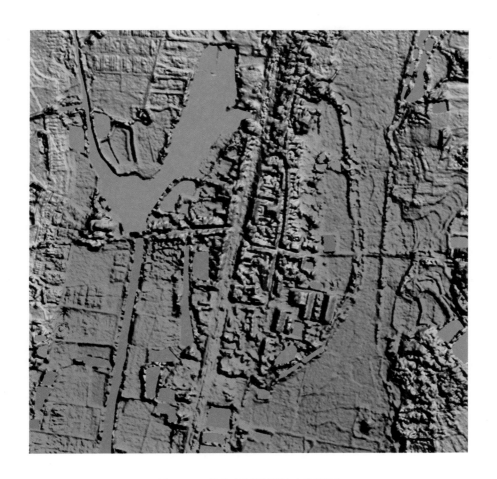

图 5.34　黄家古城遗址数字高程图

八　小结

荆山南麓 7 处史前聚落遗址所处的自然环境差别很大，阴湘城、马家垸、光华、黄家古城位于河谷之中，面临严峻的洪水威胁，均具有完整的城垣结构；叶家湾、荆家城位于河谷附近的台地上，不会受到洪水威胁，都没有城垣遗迹；城河遗址拦截了附近的两条河谷，在低洼地带修筑城垣，高台上没有城垣，充分体

图 5.35　1974 年 11 月黄家古城遗址锁眼卫星影像图

现了防洪、抗旱的功能。史前先民面对各自特定的自然环境均采取了合理的应对措施，积极应对洪涝与干旱灾害，确保生命财产的安全和农业生产的可持续发展。

第三节　大洪山南麓

大洪山南麓位于江汉平原的北部边缘，是低山丘陵地带向平原湖沼地区的过渡区域，地貌类型为红土阶地和岗地，往南过渡为壤土质冲积平原，地势自西北向东南倾斜，高程逐渐降低至30米以下滨湖洼地地貌。整个区域被汉北河、涢水（府河）等环绕，中部有溾水、富水河等自北向南注入汉北河。大洪山南麓与江汉平原北缘交汇地带是中华文明的重要发祥地之一，诞生了灿烂的屈家岭文化和石家河文化，是江汉平原史前文明发展的重要区域。

本区域拍摄的史前聚落有龙嘴、屈家岭、石家河（谭家岭）、笑城、陶家湖、门板湾6处，地势平坦区域为壤土质冲积平原，低山丘陵区域为红土阶地和岗地（图5.36）。

大洪山南麓各聚落所在区域的水文情况差异很大，高程起伏情况也各不相同，根据SRTM1数据生成山区的河网与流域显得比较自然，但是进入平原地区之后，一些地段的河床往往高于堤外农田，干扰了软件提取河网的准确性，提取的汉北河走向就与实际情况有所不同，显示汉北河沿线的水文情况较为复杂。

一　龙嘴

龙嘴遗址位于天门市石河镇吴刘村，地处龙嘴岗地南端，属于大洪山南麓向江汉平原过渡地带，广沟溪绕遗址西南注入西汉湖。考古勘探确定为一座大溪文化时期的城址。平面呈不规则圆形，南北长305米，东西宽269米，占地约8.2万平方米。城垣周长约1000米，城内面积6万平方米，遗址东、西、南三面环湖，北面则是人工开挖的壕沟，城垣依地势而建，高度1米至2米（图5.37）[1]。

---

[1]　湖北省文物考古研究所、天门市博物馆：《天门龙嘴》，科学出版社2015年版。

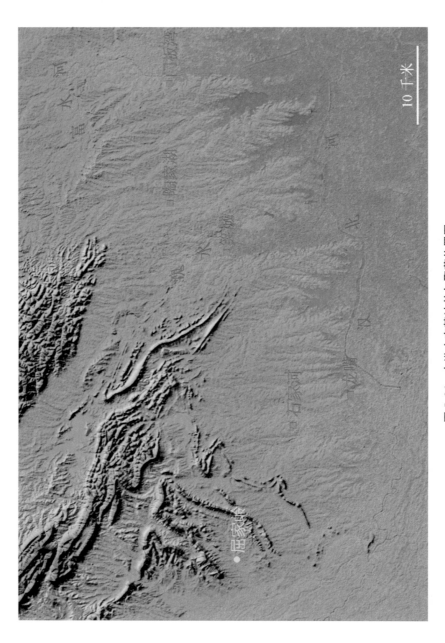

图 5.36 大洪山南麓地势与聚落位置图

图 5.37　龙嘴遗址正射影像图（红色线条表示城垣位置）

　　龙嘴遗址是湖北省迄今发现的最早的新石器时代城垣聚落，位于两个小流域分水岭的龙嘴岗地前端，遗址与北部岗地被人工壕沟分割开来，东、西两侧的流域面积大约各 10 平方千米。遗址所在台地的边缘与城垣外侧基本吻合，城垣与其外部地面有 1 米至 2 米的高差，与内部地面的高差并不明显。考古报告中描述龙嘴遗址的东、南、西三面环水，但是从早期影像和目前情况来看，遗址周围均为农田，地块分布基本上没有变化，只是修筑了一条高速公路（图 38、图 39）。

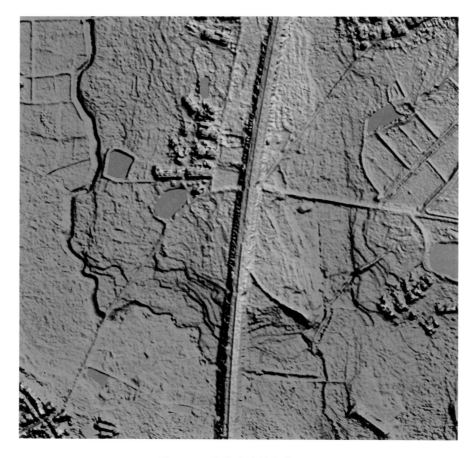

图 5.38　龙嘴遗址数字高程图

二　屈家岭

　　屈家岭遗址位于荆门市屈家岭管理区屈岭村和京山县雁门口镇高墩村，地处大洪山南麓向江汉平原过渡的山前丘陵地带，屈家岭文化的命名地。遗址总面积达 2.84 平方千米，是以屈家岭遗址点为核心，包括殷家岭、钟家岭、冢子坝、九亩堰、大禾场、土地山和杨湾等遗址点的屈家岭文化大型聚落群，青木垱河和青木河从屈家岭遗址核心区的东、西两侧穿过，并在遗址西南端汇

图 5.39　1974 年 11 月龙嘴遗址锁眼卫星影像图

合（图 5.40）[1]。

　　屈家岭遗址核心区被青木垱河和青木河环绕，位于地势较高的台地之上，地貌类型为红土阶地和岗地。青木垱河与青木河汇合点上游的流域面积约 56 平方千米，遗址核心区周围是两条小河的冲积平原，其间散落的很多孤丘上都有史前人类活动留下的遗

---

　　① 湖北省文物考古研究所等：《湖北荆门市屈家岭遗址 2015 年—2017 年发掘简报》，《考古》2019 年第 3 期。

图 5.40 屈家岭遗址正射影像图

迹，根据地表的起伏情况判断应该没有一些学者认为存在的大环壕迹象。史前人类居址在地势较高的孤丘、岗地之上，岗地之间的谷地中地势平坦，河流蜿蜒曲折，便于拦河截流控制水源，可以种植水稻等农作物。屈家岭聚落群所在地域整体地势较高，上游流域面积不大，雨季里基本上不会受到洪涝灾害的影响，旱季便于调节水源进行灌溉，成为史前人类繁衍生息的理想场所，为屈家岭文化的诞生和繁荣保驾护航（图5.41）。

1974年11月的锁眼卫星影像显示屈家岭遗址东北的位置有两条古河道，遗址西北部的河道已接近淤塞。青木河上游应该很短，只是汇聚了屈家岭遗址西北地域的部分水流，在遗址东北位置汇合的两个支流均属于青木垱河上游（图5.42）。目前所见两条河流环绕屈家岭遗址的情况应该是人工干预的结果，屈家岭东北部人为修建的渠道沟通了青木河与青木垱河，但是仅凭影像和数字表面模型尚不能判断是否是屈家岭时期修建。

屈家岭东部，殷家岭南侧应该有一段人工水坝遗迹，长度200余米，中部被晚期水流冲断，年代应该比较久远。殷家岭水坝拦截了青木垱河的一个支流，流域面积4.7平方千米，雨季中可以储存大量的水源，旱季可以对屈家岭周边的农田进行灌溉。其建造和使用年代需要田野考古工作来厘清（图5.41）。

屈家岭遗址2015年至2017年发掘区土样的浮选中，发现了油子岭、屈家岭和石家河文化时期的大量炭化稻米、基盘遗存和少量炭化粟遗存，说明自油子岭文化早期开始，屈家岭遗址就已经形成较为成熟的稻作农业[1]。少量粟作遗存的出现应该说明粟不是屈家岭遗址的主要农作物，而是稻作农业的补充，可以种植在

---

[1]　姚凌等：《湖北荆门屈家岭遗址炭化植物遗存分析》，《江汉考古》2019年第6期。

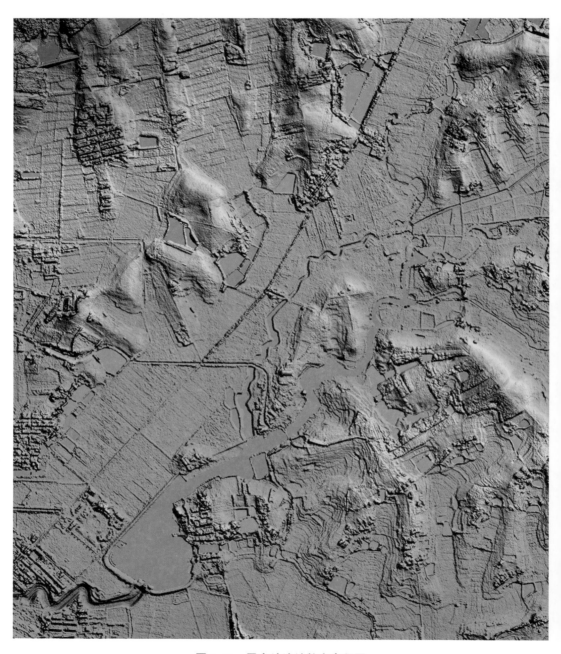

图 5.41 屈家岭遗址数字高程图

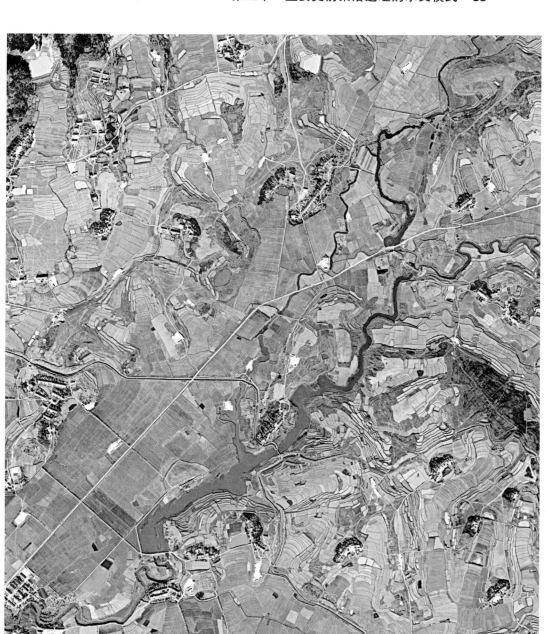

图 5.42　1974 年 11 月屈家岭遗址锁眼卫星影像图

水土条件不适合水稻生长的岗地之上，也可以在大灾之年水稻无法生长的情况下，补种成熟周期短的耐旱作物粟来作为应对之策。

三 石家河

石家河遗址群位于天门市石家河镇土城村和卢岭村，地处大洪山南麓、江汉平原北部的山前地带。遗址群总面积约 8 平方千米，是长江中游地区目前发现的面积最大、延续时间最长、等级最高的史前聚落群。该聚落群以石家河城址为核心，由 40 多个遗址组成。其中的谭家岭遗址地处石家河城址的中心区域，隶属石家河镇北土城村六组。勘探结果显示，谭家岭城址平面大体呈圆角方形，城垣基本上是顺着谭家岭台地的边缘堆筑，城垣东西长 440 米，南北宽 390 米，城垣内总面积 17 万平方米，城壕内总面积则达 26 万平方米①。

石家河遗址群位于自北向南的大型岗地之上，流水侵蚀后形成很多孤立的小型岗地，属剥蚀—堆积垅岗地形。地表垅岗相间，波状起伏，呈掌状自北向南微倾斜。石板冲、昌门湾往北为红土阶地和岗地，往南为壤土质冲积平原，外围有东河与西河环绕，东河流域面积 176 平方千米，西河流域面积 109 平方千米。东河与西河拥有巨大的水量，雨季中石家河聚落群中地势较低的地域很容易被洪水淹没，石板冲、昌门湾往北地势较高的区域虽然能够很好地躲避洪水的威胁，但是史前时期也难调集东河与西河的水资源用于聚落周边农田的灌溉（图5.43）。

---

① 湖北省文物考古研究所等：《湖北天门石家河谭家岭城址 2015—2016 年发掘简报》，《江汉考古》2017 年第 5 期。

周家湾

晏家新场

胡家湾
田家冲　晏家光岭

鲁台寺　　京山坡　　　　　　　　　潘家岭

扁担山　黄家山　　　　　　　毛家岭　　胡三家

三星台　严家山　　　　土城　　王家台
朱家坟头　邓家湾

谭家港　月亮坡　　　　　　　　　　台上

枯柏树　　谭家岭　　　　　　敖家泉

印信台　　　　　　黄金岭　杨家嘴　獾子嘴

蓄树岭

堰兜子湾　三房湾　　　　　　　北堤

杨家湾　　新河
罗家柏岭

罐山
石板冲　昌门湾　贯平堰

造家坟

肖家屋脊
新农村
石家河镇

500 米

图 5.43　石家河遗址群正射影像图

从地势上来看，石家河遗址群大致以毛家岭—黄金岭—杨家湾—昌门湾一线以东为东河河谷地带，史前时期应该可以从东河引水灌溉。以西地域的积水区域面积大约只有 5 平方千米，与城河、屈家岭等聚落拥有的积水区域面积大相径庭，遇到伏旱、秋旱等年景时水稻收成就会很难有保障。所以石家河遗址群的治水工程主要是用于储水抗旱，最基本的模式是充分利用岗地—冲沟地貌的特点，在沟谷的顶端附近挖掘池塘，于岗地之上堆土居住，修整池塘以下的沟谷用于种植水稻，旱季中从高位池塘引水至低处农田进行灌溉。由于梅雨季节江汉平原的降水大约 1000 毫米，所以高位的池塘能够在雨季积水充满。

谭家岭北部的池塘能够为其东部甚至南部的谷地供水，谭家岭南部、东南部和东北部的谷地一直以来应该都是种植水稻的农田，东部和南部谷地宽度超过 120 米，两侧坡度平缓，解释为谭家岭古城的壕沟过于勉强。谭家岭北部发掘的壕沟、木板遗迹等应该都是输水沟槽与护岸等设施。

黄家山北侧、严家山北侧、邓家湾北侧、印信台西侧、黄金岭西侧、三房湾东南和西南等地位置较高，均有较大的储水池塘，可以在旱季引水到周边低地的农田中进行灌溉（图 5.44、图 5.45）。数字高程图显示谭家岭与三房湾之间谷地的自然形态应该是往西北延伸至谭家港—朱家坟头一线，朱家泊拦截了这个谷地成为石家河聚落群中最大的储水设施，旱季中可以向其南部、东部的大片谷地中输水灌溉，在石家河聚落群中发挥着极其重要的作用。根据朱家泊南岸堰兜子湾东侧的高程进行模拟，显示储满水的朱家泊基本上围绕了印信台的东、南、北三面，印信台西面有另外的池塘，形成印信台大致四面环水的景观格局，印信台大致呈方形，形制较为规整，可能说明印信台主要是用于祭祀水神的场所（图 5.46）。

图 5.44　石家河遗址群数字高程图

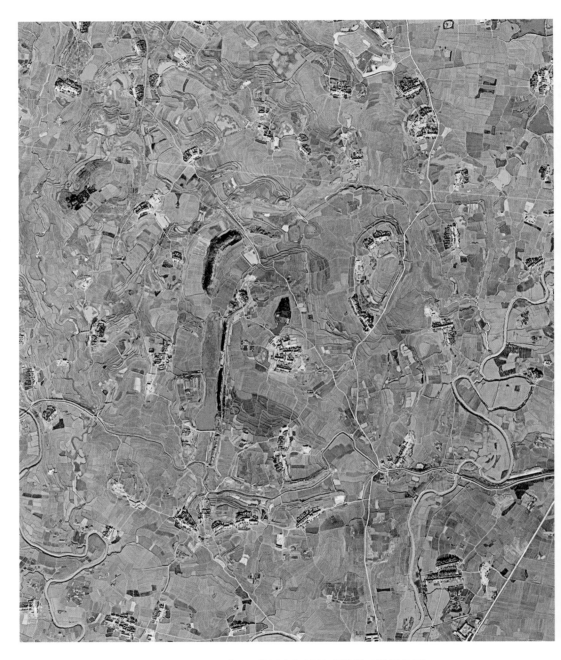

图 5.45 1974 年 11 月石家河遗址群锁眼卫星影像图

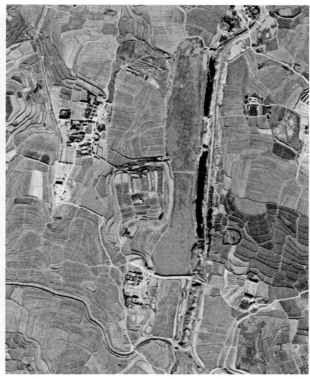

图 5.46　印信台周边模拟水位图与朱家泊西岸水渠影像图

　　田野考古工作显示除谭家岭、邓家湾、严家山、黄家山、黄金岭、杨家湾等地存在史前堆筑的地层之外，堰兜子湾、石板冲、昌门湾等地均发现有堆筑地层，其他很多遗址因损毁严重，堆积地层的分布已无法判别①。最后需要说明的是朱家泊西岸大坝相比南岸高出很多，超出了水坝应有的高度，其原因应该是 20 世纪 50 年代修筑石龙干渠之后，从堰兜子湾东侧修筑有一条抬高的水渠，

---

　　① 北京大学考古系等：《石家河遗址群调查报告》，《南方民族考古（第五辑）》，1993 年。

往北沿朱家泊西岸，经邓家湾南侧绕至东侧往北，至西北扁担山北部的高地之上。由于北部地势很高，只能通过抬升南部渠道的高度才能实现向北部高地输水。这一水渠直到近年才废弃、坍塌，只留下一道高高的土垄，干扰了对该遗迹的准确判断（图5.46右）。

土城是一处工程量很大的遗址，已经大致确定为西周时期的遗存①。土城东侧毛家岭与潘家岭之间有一人工水渠遗迹，往东北延伸至东河岸边，应该是从东河引水至毛家岭、土城一带的水利设施。由于目前缺少这一设施的田野考古资料，无法确定其修建和使用年代，推测其使用年代应该不晚于土城遗址的年代。

东河引水工程非常壮观，工程量很大。根据早期影像进行分析，东河引水工程拦截了东河原河道，穿过并封堵了两条小的支流，开挖出一条长约1800米、宽约50米的引水渠，至毛家岭东北分为西、南两支，确保伏旱、秋旱天气出现时土城周边拥有足够的水源用于农田灌溉。引水工程早已废弃，东河水流没有回到原先的弯曲河道，而是冲刷出一段新的河道后注入原河道，直至现今河道已下切数米，东河水流早已无法自行流入灌溉渠中（图5.47）。

四 笑城

笑城遗址位于天门市皂市镇笑城村二组、四组境内，地处山地向平原过渡的丘陵地带，熊家岭岗地南端，岗地南北长约1千米，东西宽约0.5千米，高程约30米，地处江汉平原北缘，地理位置十分优越，南为湖泊区，北为丘陵地带。2005年7月至9月，

---

① 北京大学考古系等：《石家河遗址群调查报告》，《南方民族考古（第五辑）》，1993年。

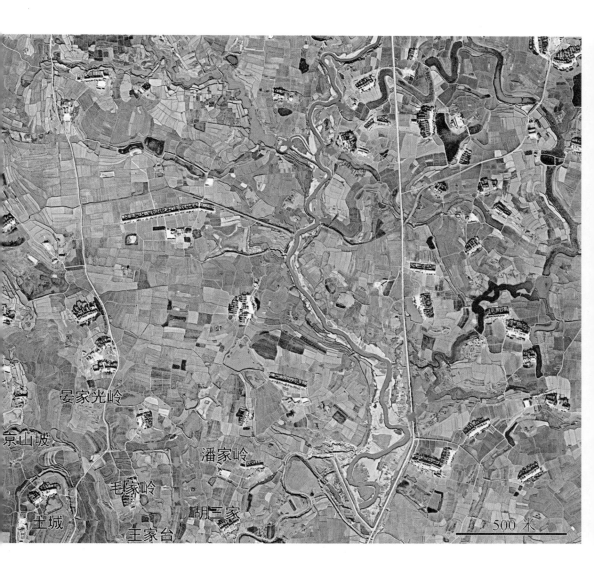

图 5.47　石家河遗址群的东河引水工程

对笑城城址的发掘确定了遗址的分布范围，城垣分属两个年代，早期属于屈家岭文化晚期，晚期为西周晚期和春秋中期，两期城垣的修筑范围基本吻合，晚期是在早期城垣的基础上加高而成。平面大致呈圆角长方形，西南角内凹，东西长 250 米—360 米，南北宽 156 米—305 米，面积约 9.8 万平方米，城内面积约 6.3 万平方米①。

图 5.48　笑城遗址正射影像图

①　湖北省文物考古研究所、天门市博物馆：《湖北天门笑城城址发掘报告》，《考古学报》2007 年第 4 期。

　　笑城遗址城垣外侧地表没有护城壕痕迹，但是城垣北部有明显的沟槽隔断了熊家岭岗地。遗址坐落在皂市河（溭水）河谷与其支流姚家河的分水岭上，姚家河流域面积28平方千米，皂市河（溭水）上游流域面积671平方千米。对于笑城遗址来说姚家河的水源不大，可以加以利用。皂市河（溭水）流域面积很大，汛期水流迅猛，河谷更低，应该无法利用（图5.48、图5.49）。

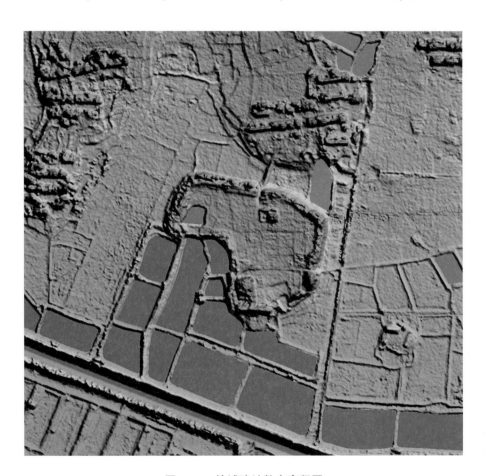

图5.49　笑城遗址数字高程图

对比笑城遗址的早期影像，发现南侧的姚家河及东侧支流现已完全渠化，遗址周边的地块均经过重新整治，仅北部岗地上的地块尚未改变（图5.50）。

图5.50　1974年11月笑城遗址锁眼卫星影像图

五　陶家湖

陶家湖古城位于应城市汤池镇方集村，应城市区以西约18千米的泗龙河中游，陶家河与泗龙河的交汇处。1998年12月，考古调查确认陶家湖遗址平面呈椭圆形，城垣外侧南北最长径约1000

米，东西最大径约 900 米，总面积约 67 万平方米，年代为屈家岭文化晚期至石家河文化文化早中期。泗龙河水库大坝就建筑在遗址的东北部，今泗龙河自北向南穿过城内①。

　　陶家湖遗址地处泗龙河河谷中与陶家河的汇合处，拦截了两条河流，河谷两侧地势稍高，陶家河与泗龙河上游的流域面积分别为 10 平方千米和 59 平方千米。数字高程图显示陶家湖遗址外壕内侧有城垣结构，北部相对较高，南部较低，有的地段地表几乎没有残留遗迹。遗址内中部偏南的村庄西南部为陶西湾，东北部是陶东湾，陶西湾的北部和西部应该有较小的类似环壕与城垣结构，东部闭合于陶家河及其与泗龙河汇合后的河道，应该是陶家湖遗址早期形态，地面考古调查也发现陶西湾周边文化层的年代比遗址内其他地域偏早②。陶家湖遗址发展扩大之后，外环壕包围了部分陶家河、泗龙河的河道，修建成南北达 1 千米的大型椭圆形聚落。聚落北侧面临严峻的防洪压力，陶家湖先民沿聚落的北、东、西三面开挖壕沟，并在南部与河流汇合，修筑坚固的城垣结构，消减洪水对聚落内部造成的威胁，同时兼顾防御功能（图 5.51、图 5.52）。

　　陶家湖遗址东侧的坡地上有一条沟渠，沿着斜坡自北向南、西南方向流出，最宽处约 25 米左右。自然水流一定是从高处往低处流淌，不可能形成这种沟渠。这条沟渠上还存在 3 处废弃河曲，说明沟渠中水的流量曾经很大，时间很久。结合早期卫星影像，可以确定水渠南段三分之二较宽，应该属于东部一条小型支流河道，流域面积接近 1 平方千米，水渠北段的三分之一较窄，应该

---

　　①　李桃元、夏丰：《湖北应城陶家湖古城址调查》，《文物》2001 年第 4 期。

　　②　湖北省文物考古研究所等：《大洪山南麓陶家湖—笑城区域系统调查》，《江汉考古》2017 年第 5 期。

图 5.51 陶家湖遗址正射影像图

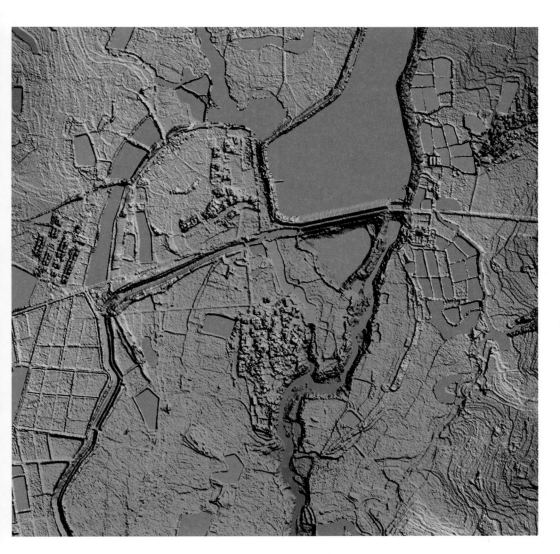

图 5.52　陶家湖遗址数字高程图

图 5.53　1974 年 11 月陶家湖遗址锁眼卫星影像图

是人工挖掘而成（图 5.53）。如果是陶家湖人开挖这一渠道，那么应该是用于泄洪的水道，可能还兼顾灌溉的功能，使渠道西侧的低处农田旱涝保收。

现今的泗龙河水库可能在史前时期就已经形成雏形，只是水坝高度和库容无法与目前的情况相提并论。史前陶家湖先民运用先进的设计理念，充分平衡陶家河、泗龙河的水位，修筑环壕与泄洪渠道，同时应该还有部分水流进入聚落内部，准确控制各水口的流量，是江汉平原史前治水文明的又一典范之作。

六　门板湾

门板湾遗址位于应城市城北管理区星光村。1998 年的调查和 2001 年的发掘，确认遗址平面近长方形，南北长约 500 米，东西宽约 400 米，面积约 20 万平方米的屈家岭文化晚期城址，除东城墙被新县河所毁外，余三面均残留有城垣、壕沟遗迹，保存较好的西城垣高程为 36.4 米[①]。

门板湾遗址东部是富水河河谷，原本距离富水河的河道比较远，现代修建的新县河河道从遗址东侧穿过，破坏了东部壕沟与城垣。门板湾遗址位于一段西北高，东南低的岗地前端，西侧因修建城垣、壕沟与原岗地断开（图 5.54、图 5.55）。长港河流经遗址北部，流域面积 52 平方千米。

门板湾遗址内最低高程是 29 米，仅仅城垣及其附近地带的高程超过 30 米，西城垣下发现有房址，1954 年、1969 年、1998 年的

---

① 王红星：《从门板湾城壕聚落看长江中游地区城壕聚落的起源与功用》，《考古》2003年第 9 期。

图 5.54　门板湾遗址正射影像图

最高洪水位达到 32 米①。所以门板湾遗址在雨季面临非常严峻的
防洪压力，史前先民应该居住在城垣等较高地带，城垣内较低区
域也应该是种植水稻的农田，完整的城垣可以抵御偶发的洪涝灾
害，低地的农田便于在干旱季节引水灌溉。

---

① 王红星：《从门板湾城壕聚落看长江中游地区城壕聚落的起源与功用》，《考古》2003
年第 9 期。

图 5.55　门板湾遗址数字高程图

　　早期影像显示的门板湾城垣外北部的长港河河道尚未被渠化，河谷里的农田现已改造成水产养殖的池塘。打破遗址东部的新县河河道加宽了很多，两岸修筑了很高的河堤（图 5.55、图 5.56）。

七　小结

　　大洪山南麓的 6 处史前遗址中，龙嘴、笑城和门板湾均位于高程 30 米左右的地带，拥有完整的城垣，特显洪水位对聚落形态

图 5.56　1974 年 11 月门板湾遗址锁眼卫星影像图

的直接影响。屈家岭与石家河两个聚落群位于较高的地带，基本上不存在洪涝灾害的威胁，但是应该会遇到干旱灾害的侵扰，必须建设相应的灌溉设施，所以屈家岭和石家河聚落群构建了适合本地特色的抗旱体系，随着时间推移不断改进。陶家湖遗址位于河谷之中，截断两条河流的汇合处，修筑完整的城垣与壕沟等设施，必须在防洪和抗旱两个方面统筹兼顾，才能够旱涝保收。

第四节　大别山西南

大别山西南往西是大洪山东缘，位于江汉平原的东北部，自北向南流经该区域的河流主要有涢水和漂水，东部有溳水。这一区域在大溪文化时期基本上没有聚落，屈家岭和石家河文化时期都有比较多的聚落分布于低矮的丘陵地带。北部海拔较高，南部河谷中的高程降至 20 米左右，地貌类型依次为低山山地、丘陵，向南进入低地平原。无人机拍摄的聚落有余家岗、王古溜、晒书台、叶家庙、杨家嘴和张西湾等遗址（图 5.57）。

一　余家岗

余家岗遗址位于孝感市安陆县城北 5 千米的洑水镇洑水港村的余家湾，西距涢水（府河）约 1 千米，洑水镇西北。洑水由东北向西南流入涢水，遗址位于两河交汇处的二级台地上，高程约 42 米。台地高出四周农田 3 米—4 米，文化层厚约 3 米，面积约 3.9 万平方米。暴露遗迹有灰层、红烧土、灰坑等，判断为屈家岭文化聚落①。

余家岗遗址位于大致呈椭圆形的台地上，自东北至西南三面被涢水的支流洑水河环绕，东南部似乎有水流切割的低洼地带，东部至南部被村镇侵占，保存情况不佳（图 5.58、图 5.59）。遗址上游的流域面积约 120 平方千米。

---

① 湖北省文物考古研究所等：《湖北省安陆市余家岗遗址发掘简报》，《湖北考古报告集》，2008 年。

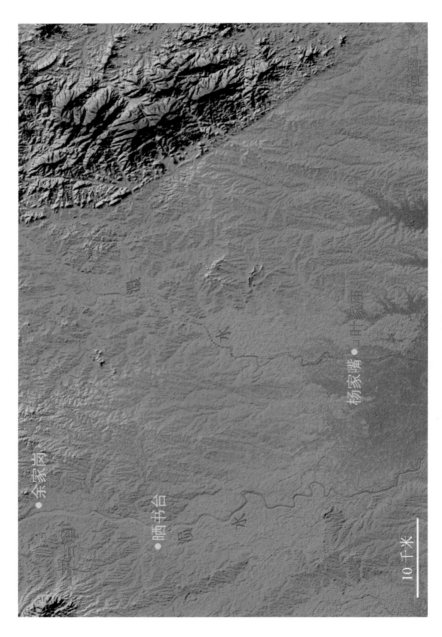

图 5.57 桐柏山南麓地势与聚落位置图

图 5. 58　余家岗遗址正射影像图

　　早期影像显示余家岗遗址周边有多处废弃河曲，河道下切较深，遗址所在的台地大致呈椭圆形，南部较宽，北部较窄，南北长 290 米，东西最宽处 200 米。中部有东南—西北走向的低洼地带，东南部外围显示有壕沟迹象（图 5. 60）。现今由于溳水上建造有拦水堤坝，河道中的水位抬升很多，水面也随之增加。

图 5.59　余家岗遗址数字高程图

二　王古溜

　　王古溜遗址位于安陆市烟店镇双庙村，地处涢水支流弯垱河北部的台地上，城内有红烧土地面的大型台地。城垣东西长约 250米，南北宽约 200 米，面积约 5 万平方米，文化层厚 3 米左右，包含物丰富，采集有石器、陶器（片），判断为屈家岭文化晚期至石家河文化早期有城垣聚落，城垣北部完整，东部为陡坎，南部

图 5.60　1974 年 11 月余家岗遗址锁眼卫星影像图

和西部为缓坡，西南角稍高（图 5.61）①。

　　王古溜遗址地处丘陵地带的三个小型岗地前端，其北部积水面积很小，弯垱河上游流域面积仅 7 平方千米。遗址周围自然水流侵蚀的方向都是自北向南或东南，北部的岗地被人工堤坝设施

---

　　①　湖北省文物考古研究所：《湖北安陆王古溜城址 2015 年调查简报》，《湖北史前城址》，科学出版社 2015 年版。

图 5.61　王古溜遗址正射影像图（红圈为推测的城垣）

阻隔，截断了中部的两个小型谷地，在较高的位置形成储水的池塘，洪水期间可以从东西两侧泄洪。改造之后人们在高处居住，周边的谷地里均可耕种水稻，雨季可防范特大暴雨引发的山洪威胁，旱季能从高位水塘中引水灌溉。遗址北部现今任然是水塘，应该是一直沿用、改造至今（图 5.62、图 5.63）。

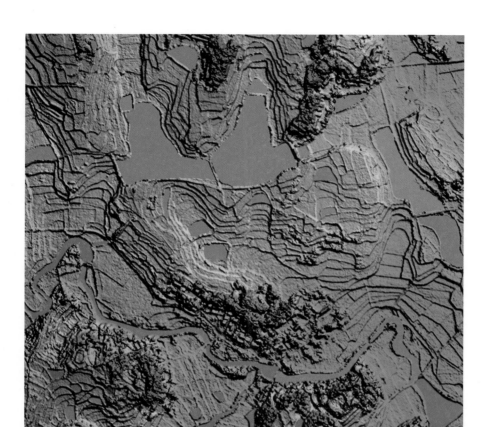

图 5.62　王古溜遗址数字高程图

王古溜遗址的范围在几次调查中有不同的认识，有时包括其南部的大李湾村在内。本书认为遗址北部的堤坝同时截断了两个自然谷地，说明王古溜和南部的大李湾应该是一个整体，只是不同的地域使用功能有所差异。整个遗址地势较高，不会受到涢水上涨的影响，防洪压力不大，但储水抗旱必须引起足够的重视。

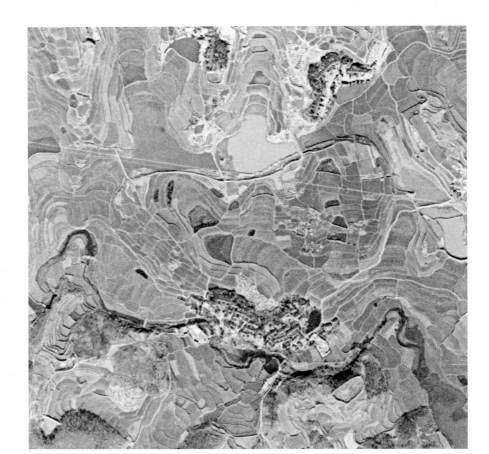

图 5.63　1974 年 11 月王古溜遗址锁眼卫星影像图

三　晒书台

　　晒书台遗址位于安陆市巡店镇肖堰村，东距涢水 1 千米，南距巡店镇 4 千米。遗址呈方圆形土台，高出四周平地 4 米，南北长 79 米，东西宽 76 米，早年试掘发现陶片、石器、青铜器等，应为商代晚期至西周早期①。

_____

　　①　余从新：《安陆县晒书台商周遗址试掘》，《江汉考古》1980 年第 1 期。

后期调查发现晒书台遗址周边有新石器时期文化层，流经晒书台遗址南部的涢水支流积水盆地面积约 10 平方千米，遗址东部、北部和西部均有小河或壕沟环绕，流域面积均很小，目前西部和北部的河道已被渠化（图 5.64、图 5.65）。

早期影像显示晒书台遗址周边的小河道比较自然，目前除了遗址西部和北部修建了水渠，其他地域的小型地块几乎都没有变化。遗址周围应该不存在人工挖掘的壕沟（图 5.66）。

图 5.64　晒书台遗址正射影像图

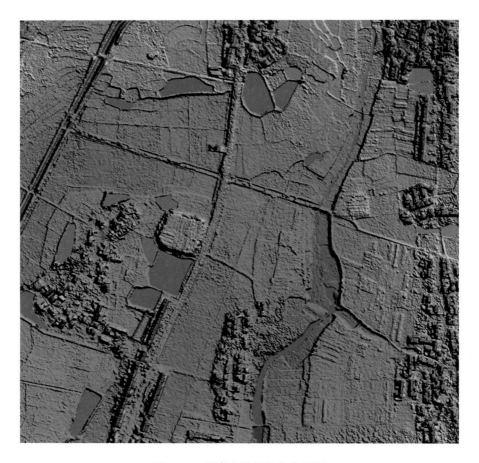

图 5.65　晒书台遗址数字高程图

四　叶家庙、杨家嘴

叶家庙遗址位于孝感市孝南区朋兴乡叶家庙村和七份村，地跨上叶湾、下叶湾、陈家塘、何家埠和杨家嘴 5 个自然村。东南距孝感市区 6 千米，西面为澴水故道。整个叶家庙聚落群由四部分组成，包括叶家庙城址、城外的家山遗址，以及城址西面的杨家嘴、何家埠两个附属聚落。整个聚落群东西长约 870 米、南北宽约 650 米，总面积约 56 万平方米。2008 年 3—8 月，湖北省文

图 5.66　1974 年 11 月晒书台遗址锁眼卫星影像图

物考古研究所对叶家庙城址、家山墓地、杨家嘴等进行发掘，确定叶家庙城址平面呈较规整的长方形，发现了城垣和环壕系统。以环壕的外沟边为界，南北长 560、东西宽 550 米，面积达 30 万平方米。城垣内侧南北长 420、东西宽 350 米，城内面积大约为 15 万平方米。叶家庙遗址最早在屈家岭文化早期已有人居住，屈家岭文化晚期出现城垣和环壕，延用至石家河文化早期①。

---

① 湖北省文物考古研究所等：《湖北孝感市叶家庙新石器时代城址发掘简报》，《考古》2012 年第 8 期。

图 5.67 叶家庙聚落群正射影像图

图 5.68　叶家庙聚落群数字高程图

图 5.69　1974 年 11 月叶家庙聚落群锁眼卫星影像图

叶家庙聚落群周边地势较为平坦，澴水上游的流域面积约3375 平方千米。遗址附近澴水的废弃河道较多，纵横交错，显示河道很不稳定，经常改道，雨季洪涝灾害威胁很大（图 5.67、图 5.68）。早期影像和现今影像显示沿澴水故道修筑有防洪堤，且堤坝高度高于叶家庙城垣的残存高度（图 5.69）。早年有弯曲的水渠从澴水故道引水，沿杨家嘴东侧至何家埠北，再从上叶湾与陈家塘之间向东延伸。目前遗址北部有新的水渠取代早期的引水渠，水渠北部的防洪堤已被拆除。

五　张西湾

张西湾遗址位于武汉市黄陂区祁家湾镇建安村，东南距黄陂城区 8 千米。地属江汉平原东北部，为略有起伏的低岗波状平原，海拔 40 米左右。遗址位于一个自西向东延伸的岗地旁，西北部地势较高。西侧有一人工开挖的近现代大水塘，称为竹皮塘。东部和南部地势低平，现为大片农田（图 5.70）。2008 年 9—11 月，通过勘探、调查和发掘，初步认定张西湾遗址是一处非常重要的石家河文化早、中期城址聚落。地面现存有北部和东部城垣，北部壕沟也保存较好。东部壕沟在地表不见痕迹，经勘探可以确认。从北部、东部城垣以及壕沟走向看，城址平面为圆形。南部地势低平，地面上未发现城垣痕迹，经勘探也未发现城垣堆积。西部则完全被水塘破坏。城址现存南北 295 米、东西 335 米，面积约9.8 万平方米[1]。

张西湾遗址所在区域积水面积约 12 平方千米，东距澴水约 8千米，地势较高，应该不受洪涝灾害影响。遗址高程图和早期影

---

[1]　湖北省文物考古研究所、武汉市黄陂区文物管理所：《武汉市黄陂区张西湾新石器时代遗址发掘简报》，《考古》2012 年第 8 期。

图 5.70 张西湾遗址正射影像图

像显示北部至东部的城垣很宽，约 40 米左右，遗址西部被现代水塘破坏，南部不见城垣和壕沟遗迹，遗址的整体情况很难确定（图 5.71、图 5.72）。

六 小结

大别山西南的 6 处史前聚落中，叶家庙遗址群位于澴水东岸，高程较低，现代建设有澴水防洪大堤，部分区域拥有完整的城垣结构，城垣外部有家山、杨家嘴、何家埠等遗址。余家岗、晒书台两个遗址的海拔较高，附近涢水河道两岸没有现代防洪堤等设施，应该不存在洪水外溢的情况。王古溜遗址位于丘陵地带，北部的史前人工遗迹应该是拦水设施，具有储水灌溉的功能。张西湾遗址西部被毁，遗址内密布现代民房，遗址整体难以复原。

图 5.71　张西湾遗址数字高程图

图 5.72　1974 年 11 月张西湾遗址锁眼卫星影像图

第五节　大洪山西侧

　　大洪山西侧为江汉平原的北部边缘地带，汉水中游河谷被两侧的丘陵、山地阻挡变得比较狭窄，汉水东侧自西向东地势逐步上升，地貌由河流阶地向低山丘陵和山地转换。这一地区史前聚落的数目不多，拍摄有较为典型的边畈和寨子山两个聚落（图 5.73）。

图 5.73　大洪山西侧地势与聚落位置图

一　边畈

边畈遗址位于荆门钟祥市城南 11 千米处九里回族乡边畈村，东北—西南向山谷的北侧，流域面积约 27 平方千米①。遗址北部有蜿蜒的自然河沟，周围有一些沟渠围绕，形成一个近似长方形的区域，南北约 600 米，东西约 500 米（图 5.74）。

图 5.74　边畈遗址正射影像图

①　张绪球：《汉江东部地区新石器时代文化初论》，《考古与文物》1987 年第 4 期

　　边畈遗址周边的地势较为平坦，东部和北部的河道蜿蜒曲折，有多处废弃河曲，南部和西部的河道现已废弃（图5.75）。早期影像显示遗址四周的河道中似乎都有水流通过，影像中部有一个椭圆形的完整环壕，南北长270米，东西宽210米（图5.76）。

图5.75　边畈遗址数字高程图

图 5.76   1974 年 11 月边畈遗址锁眼卫星影像图

二   寨子山

寨子山遗址位于钟祥市洋梓镇大桥村寨子山，湖北省文物考古研究所调查、发掘后确认寨子山遗址年代为油子岭至石家河文化时期，相关材料尚未发表。寨子山呈三角形，属于低山丘陵地带，西面长边约 200 米，山上有晚期的寨墙类建筑。遗址北侧山谷的流域面积约 43 平方千米，水源丰富，现在山谷内遍布农田，种植水稻等农作物（图 5.77、图 5.78、图 5.79）。

寨子山遗址海拔较高，不会受到洪涝灾害的威胁，附近谷地中较为平坦，便于在稍高地带截流储水，发展农业生产。目前寨子山遗址南边的谷地中有一水塘，应该通过田野考古工作确定其始建年代。

图 5.77　寨子山遗址正射影像图

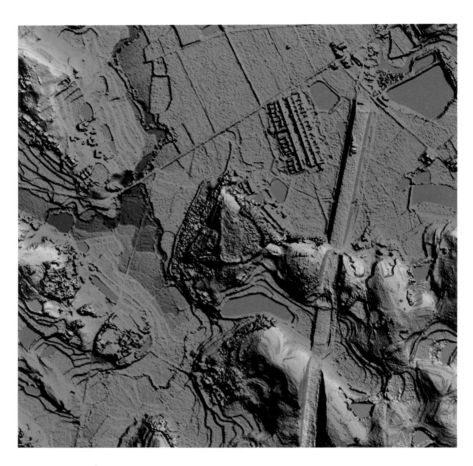

图 5.78　寨子山遗址数字高程图

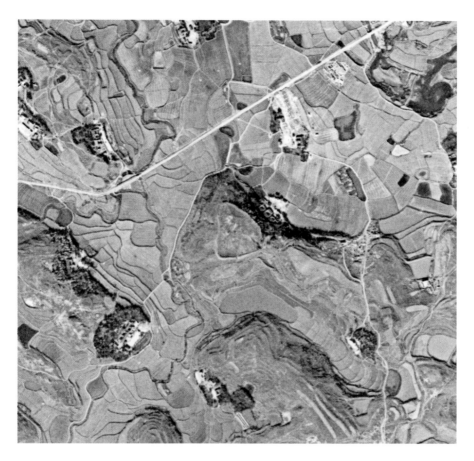

图 5.79　1974 年 11 月寨子山遗址锁眼卫星影像图

三　小结

大洪山西侧的史前聚落遗址分布于低山丘陵地带，整体海拔较高，不易受到洪涝灾害的影响。但是谷地中可以引水耕种的土地较少，聚落发展的规模受到很大制约。

第六章

结　语

第一节　分析与探讨

江汉平原雨量充沛，土壤肥沃，气候适宜，自古以来就适合种植水稻等农作物。然而，位于东部季风区的江汉平原，受季风变化的影响特别明显，每年的时令、降水等并非一成不变，而是往往有很大的差异。加之江汉平原特殊的地貌类型，致使梅雨季节经常会出现洪涝灾害。夏季水稻生长需要大量水源的时候，往往又会出现高温少雨的伏旱、秋旱天气。

在生产力水平比较低下的史前时期，人们为了定居生存，首先必须选择、控制、管理好水源，才能够种植好农作物，史前文明才能够得以不断发展、壮大。为此，每个聚落都应该是史前人们悉心选择、权衡之后认为的理想场所，每个聚落也会为了适应周边环境而采取各自不同的应对方式。

长江以南的走马岭、青河城、鸡鸣城遗址，处于水患频发的平坦地域，城垣的首要功能应该是防洪。而且走马岭和鸡鸣城内部高低差异较大，应该是既有居住区，又有种植区。大洪山南麓的龙嘴、笑城、门板湾等聚落，外围高程不足30米，为了生存，修筑防洪设施应该是必须的选项。此外，阴湘城靠近沮漳河、门板湾靠近富水河、叶家庙位于溾水岸边，雨季较大河流出现的洪峰也是具有很大的破坏力，迫使这些河流附近的聚落修建防洪设施。

城河、陶家湖、马家垸、光华、黄家古城等聚落的位置虽然比较高，但是都处于河谷之中，特别是城河遗址与陶家湖遗址直接拦截了流域面积不大的河流，彻底改造周边环境，合理调控水利资源，为居民生存和农业种植创造最佳的条件，应为史前治水文明的两个样板工程。石家河、屈家岭、王古溜等聚落应该是根据具体情况，在谷地上端修建水利设施，便于引水至低洼地带的农田中进行灌溉，提升聚落自身的适应能力。

至于环壕聚落的情况，叶家湾位于较高的大型台地之上，高于拾回桥河河谷 10 米左右，绝对不会受到水患威胁。屈家岭、荆家城、余家岗、寨子山等聚落的海拔较高，且均位于相对位置较高的台地上，小环境本身就具有很好的防洪功能，所以就不必修筑其他垸、堰等设施。边畈、晒书台等所处的地势较高，所在流域面积不大，周边有自然河曲环绕（有可能在自然河曲的基础上进行了加工），所以洪涝威胁不大，且便于引水灌溉。

通过对各聚落数字表面模型的分析比较，发现走马岭、鸡鸣城、城河、陶家湖等聚落似乎具有双重环壕结构。这种结构可能具有年代早晚的差异，反映聚落不断发展扩大的变化过程，但也有可能是为聚落内部的不同功能分区而造成的结果。聚落内部的低洼地带应该是用于种植、养殖等，人们居住在较高的地带。类似问题还需通过田野调查、发掘等工作来确认。

屈家岭聚落群所处的地理环境应该是江汉平原的最佳地域，拥有完整而封闭的山前冲积平原，整体流域面积不足 60 平方千米，水源充沛，有适合居住的侵蚀残留台地，能够很好地避免水患的侵扰，肥沃的河谷冲积平原有利于耕种农作物。通过修建拦水堤坝合理调配水源之后，基本上可以做到旱涝保收，成为一处极为理想的史前文明发祥地。

石家河聚落群地处岗地与湿地、湖沼交汇地带，从早期的龙嘴、谭家岭发展到超大规模的聚落群，史前居民改造环境、治理水源的理念、方式都在不断变革，在十余平方千米的山前岗地上创造出灿烂的石家河文化。

从叶家庙、三房湾、屈家岭等遗址发掘区浮选的植物遗存中，水稻都占有绝对多数，测年结果反映了屈家岭遗址稻作农业的出现，可追溯到距今约5800年。江汉平原居民选择了以稻为主粟为辅的农业种植体系，是江汉平原汉水以东地区新石器时代晚期阶段的整体农业经济面貌[1]。水利资源的可利用情况直接决定了史前先民选择水稻或粟、黍为主要农作物，汉水上游湖北省境内的青龙泉[2]、大寺[3]和河南省境内的沟湾[4]等遗址地处山区，农作物遗存均以粟作为主。而距离不远的邓州八里岗遗址[5]位于河谷平原地带，水利资源丰富，农作物遗存以稻作为主。

总之，即便有众多聚落同处江汉平原，但各聚落所处的局部自然环境却不尽相同，古人对所处小环境中地势与水资源的认识

---

① 姚凌等：《湖北荆门屈家岭遗址炭化植物遗存分析》，《江汉考古》2019年第6期。

② 吴传仁：《湖北郧县青龙泉遗址出土植物遗存分析》，硕士学位论文，中国社会科学院研究生院，2011年。

③ 唐丽雅等：《湖北郧县大寺遗址出土植物遗存分析——兼谈鄂西北豫西南山区史前农业特点》，《西部考古》2016年第2期。

④ 王育茜等：《河南淅川沟湾遗址2007年度植物浮选结果与分析》，《四川文物》2011年第2期。

⑤ 邓振华、高玉：《河南邓州八里岗遗址出土植物遗存分析》，《南方文物》2012年第1期。

和理解也有差异，导致人们利用与治理环境的模式也是见仁见智，各有千秋，体现了史前江汉平原居民非凡的智慧、先进的理念与强大的创造力，能够充分利用有限的自然、地理资源，组织、协调人力加以改造，达到人与自然的和谐统一，创造了辉煌的屈家岭文化和石家河文化。

本书运用江汉平原的多种田野考古与空间信息方面的资料，结合无人机拍摄、遗址三维重建与空间模拟等技术，试图探讨江汉平原的史前人类如何认识、适应、改造自然环境，推进史前文明的诞生和发展。江汉平原很多史前聚落都位于较高的地带，地表仍然残留有大量遗迹，能够通过三维重建的方法获取地表微地貌特征，为相关研究提供了重要的素材。由于江汉平原历来都是人类繁衍生息的场所，史前人类创建的多种人工设施都已经遭到不同程度的破坏，加之大量遗址开展的田野考古工作很少，导致很多遗迹无法准确判断是否为史前人类所创造。所以相关研究只能根据现有田野考古工作成果，结合现代最新科技手段，尽可能地获取并运用多种信息资料进行分析研判，最后还需要通过田野考古调查、发掘、采样、测年等方式进行最终确认。

第二节 和合共生

地处亚热带季风气候区的江汉平原，土地肥沃，降水量丰富，但特殊的地理环境导致初夏季节经常会出现特大暴雨，导致洪涝灾害频发。雨季之后常常受副热带高压控制，盛行干燥的下沉气流，出现高温少雨的伏旱和秋旱天气，对人畜生存和农业种植均构很大的威胁。为此，史前人类为了能够在江汉平原繁衍生息，需要基本掌握气候、水源、环境等多项特征，审慎地选择合适的居住与耕种地域，对自然环境中的水资源进行合理整治、管理、调配，准确防控洪涝和干旱灾害的威胁，才有可能享受定居生活，然后在居所周边进行农耕种植，饲养家畜，达到人与自然环境的和谐统一。人们有了稳定的居所与耕种地域，丰衣足食，才会出现复杂的社会分工，人类文明才有可能诞生和发展。

江汉平原及其周边区域大河纵横，外围有高山阻隔，中部是水患频繁的河流、大泽，平原周边的山前交错地带适于种植水稻等农作物，天然资源较为丰富。生活于其中不同区域的史前人类不易受到外界侵扰，能够安然地探究农业种植和水利设施建设，社会安定祥和，史前文明有序发展，聚落规模不断扩大。很多重要聚落的外围只是通过自然河道或人工壕沟环绕，多个聚落群的出现可能表明群内聚落的功能和等级有所划分，防御方面或许并不需要建设高大城垣类的设施。

江汉平原史前聚落中的先民以种植水稻为主，每年进行农耕生产的时间不会超过三分之二，所以拥有大量的时间可以用于制陶、琢玉和兴修水利工程等等。冬春季节水位最低，适合维护和修建水利设施。屈家岭、石家河、城河、陶家湖等遗址治水设施工程量比较巨大，但应该是不同时期从小到大多次修建而成的，其他遗址中治水设施的工程量都不大，少数人在短时间内就能够完成。不同史前聚落或聚落群面临的自然环境差异很大，治理的方式也千差万别，体现出史前先民高超的治水智慧和先进的治水理念。

史前先民深刻认识到江汉平原的生存条件不是特别优厚，实现定居的农耕生活首先必须应对雨季中铺天盖地的洪涝和雨季后旷日持久的干旱等自然灾害，祈盼中风调雨顺的年景非常稀少。他们发现如果居住在水源丰富的低洼地带，雨季中很难应对洪涝灾害的威胁；如果选择在较高地带生存，夏秋季节却常常因干旱而严重影响农作物的生长和收成。他们在天时、地利无法满足的情况下，不得不抱团取暖，集结成规模不等的团体，共同应对自然环境中的不利因素。于是出现了低洼地带的先民发明并修筑了原始圩垸，用于抵御雨季中的洪水威胁，龙嘴、走马岭、青河城、鸡鸣城、阴湘城、笑城、门板湾等聚落应运而生。选择稍高地带居住的先民能够有效避免洪水威胁，但是需要在较高的位置修建水塘或水库，以便雨季中能够贮存足够的水源，干旱灾害出现时用于灌溉农田，成就了屈家岭、石家河、城河、陶家湖等重要聚落和聚落群的史前治水文明。

江汉平原先民在艰险的自然环境中生存和发展，孕育出中华民族不屈不挠、和合共生、大局意识的优良品德，不断激励后人奋发向上、勇往直前。

后　　记

　　2001 年 3 月至 2003 年 3 月，中国社会科学院考古研究所二里头考古队对洛阳盆地大部分地区的各时期聚落开展系统踏查。2002 年秋，考古研究所周原考古队对陕西七星河流域的聚落遗址进行调查。两支考古队详细观察现存的断崖、土坎和沟渠等断面，并参考以前的考古工作记录，推断出每个遗址的大致范围、年代和主要遗存，在地形图中进行较为详细的标注，并列表记录每个遗址的调查结果。

　　根据两次调查的数据建立地理信息系统之后，笔者发现伊河多条支流和七星河流域的聚落遗址都明显地靠近河流分布，显示出聚落遗址对河流强烈的依赖关系。这些小河流的流域面积都不大，降水又呈季节性分布，全年大部分时间里都没有降水。史前先民为了能够在这些地区定居，就必须对河流进行治理，控制水源才能够长期生存，为此笔者在 2006 年前后发表的几篇小文中提出黄河流域先民应该从仰韶时期开始治水。

　　2007 年或 2008 年的某一天，笔者在北京大学考古文博学院授课结束后遇到赵辉先生，便跟随他一起到办公室里随意聊了一会。笔者提出根据七星河流域与洛阳盆地中史前聚落的分布情况，可以推测中国史前先民很可能从仰韶时期开始治水。赵辉先生没有批驳，只是提醒笔者需要找到史前水坝遗存的实证材料，同时指出中原地区很多龙山文化的遗址中发现有水井。

2010 年 6 月，《中华文明探源工程》项目在良渚遗址召开现场会，浙江文物考古研究所同仁带领大家去岗公岭参观一处类似城墙结构的遗迹，但是没有发现闭合的迹象。笔者大致记录下遗迹的位置，回北京后查询相应地域的早期锁眼卫星影像和最新的卫星影像，发现类似城墙的遗迹应该向西延伸至周家畈，封堵住整个山谷的两个出口。西边的石坞、秋坞等地还有另外一组拦截谷口的人工设施。经过分析研判后，认为应该是两组水坝类的遗址，随即告知浙江所同仁，并于 2012 年 3 月《中华文明探源工程》项目宝墩遗址的现场会上作了简单介绍，引起众多学者的浓厚兴趣。会后去机场的中巴车里，赵辉先生与我聊起良渚水坝的事情，感慨"拥有如此规模的水坝设施，还不能称为文明的话，那什么才是文明呢！"后来浙江所同仁又发现狮子山至梧桐弄水坝群。

2013 年开始，笔者忙于多视角三维重建和无人机拍摄，从组装四轴无人机到六轴无人机，当时思考最多的问题还是如何使用无人机拍摄史前聚落遗址进行三维重建，从三维空间的角度对遗址进行分析和研究。2015 年 12 月，使用没有监控系统的六轴无人机拍摄城河遗址，拍摄 4 个架次后回北京进行三维重建等处理，发现中部有小部分遗漏，拍摄的边缘也不整齐，感觉组装的六轴无人机无法满足大范围的拍摄。

2017 年秋，笔者到屈家岭遗址拍摄陶窑制作三维模型，当时有学者从卫星影像上分析屈家岭遗址外围可能存在大型环壕。因卫星影像上不能展示高低起伏情况，于是使用大疆精灵 4 专业版无人机拍摄了屈家岭周边的影像制作三维模型，导出高程图显示屈家岭遗址外围应该不存在大型环壕遗迹。

屈家岭遗址的无人机拍摄与三维重建生成的高分辨率正射影像图与数字表面模型效果很好，加之对江汉平原史前城址与环壕聚落有一些了解，笔者随后与彭小军、陶洋等同仁商量能否对江汉平原的重要聚落遗址进行无人机拍摄和三维重建，以便探讨这些聚落遗址的人地关系和治水模式。

经过请示湖北省文物考古研究所领导并获批准，与彭小军一起于 2017 年 12 月、2018 年 3 月、2019 年 3 月选择天气晴好的时段，分三次对江汉平原 30 余处重要史前聚落遗址进行无人机拍摄，每个遗址拍摄范围不少于 1 平方千米，石家河、屈家岭、城河等遗址第二次拍摄了 12 平方千米以上。由于没有任何成功的经验可供借鉴，影像处理、三维重建、分析解译等全部处于摸索之中。

2020 年春节前后，由于新冠疫情暴发长时间被困家中，整天面对江汉平原 30 处遗址的正射影像图和数字表面模型，查阅了很多考古、水文等方面的资料，终于看出城河、陶家湖等遗址的治水模式，以及众多遗址与周边环境之间的相互关系，感觉如果不是长时间困在家中，或许很难厘清江汉平原史前治水的头绪，随即赋诗一首：

> 自古江汉水东流，悉心研读可消愁。
> 若非文王困羑里，世间应无八卦图。

随后的两年中，虽然疫情防控影响一些工作，但是笔者仍然多次前往江汉平原的不同遗址参观、考察，并与彭小军、陶洋、向其芳等同仁多次交流。2022 年春节后，听闻石家河遗址群普探工作结束，随与王辉博士一同前往，发现勘探结果与我推测的模式完全一致。随后自驾到石家河遗址群的多个地点考察，在三房湾西南的石龙干渠旁发现废弃的机井房，四下寻找没有搞清楚往哪里输水。

回北京后，从早期卫星影像和 2017 年 12 月拍摄的影像中，笔者发现三房湾西南的机井房用于从石龙干渠沿朱家泊大坝往石家河遗址群北部高岗地带输水，才明白朱家泊东侧水坝为什么高于南侧水坝很多。至此，所拍摄史前聚落遗址的治水等相关问题基本上已全部厘清，便集中精力投入书稿撰写之中。期间几乎重新处理了全部影像，修改每一幅数字高程图中的水面等地物，根据各遗址 1 米分辨率的正射影像图纠正早期卫星影像。工科出身的我撰写文字的速度很慢，也很费力，其中第三章文稿主要由彭小军博士撰写，至 5 月底书稿撰写完成。随后在多地的讲座基本上都是介绍江汉平原的史前治水问题，以便尽可能多地获得反馈，修改书稿。

2023 年春节前后，对书稿进行一些修改，完成这项历时 5 年的工作。

刘建国

2023 年 2 月于北京